酒井しょうこと辿る
聖母マリアに出会う旅
フランス　3人の聖女を訪ねて

酒井しょうこと辿る

聖母マリアに出会う旅

フランス　3人の聖女を訪ねて

亜紀書房

Shoko Sakai

Direction artistique: Nobuhiro Yamaguchi + Rei Miyamaki
Publié en 2018 par AKI SHOBO INC.
Imprimé au Japon

はじめに
Préface

聖母マリア……イエスの母……
この世に生を受けた時から罪なく……
そして、御子を宿した方。
私たちの罪をあがなうために、十字架のもとで苦しみを受け、
天にのぼった主イエス・キリストへの祈りを
とりなしてくださる、私たちの母。

私は幼い頃から、どれだけあなたに憧れ、
あなたを慕いつづけてきたことでしょう。
あなたに会いたい、私はあなたに会いたいのです。
フランスの聖女、カタリナ、ベルナデッタ、テレーズが、
あなたに出会ったように……。

そう、3人の聖女を訪ねながら、
聖母マリアに出会う旅がはじまります……

もくじ

はじめに………3
巡礼について………6

1 パリ
聖女カタリナ・ラブレ……………8

聖カタリナ・ラブレの生涯……10
【コラム】不思議のメダイ……19
【ガイド】パリ　沈黙の聖女・カタリナが暮らした街……24
しょうこのおすすめ……26
マップ（パリ）……29

2 ルルド・バルトレス・ヌヴェール
聖女ベルナデッタ・スビルー………………30

聖ベルナデッタ・スビルーの生涯……32

【コラム】ロザリオの祈り……42

【コラム】聖歌（あめのきさき）……50

【ガイド】ルルド　貧困の聖女・ベルナデッタが暮らした街……62

マップ（ルルド　聖域）……66

しょうこのおすすめ……70

【ガイド】バルトレス　少女・ベルナデッタが過ごしたのどかな村……76

しょうこのおすすめ……77

マップ（ルルド）……78

マップ（バルトレス）……79

【ガイド】ヌヴェール　ベルナデッタが過ごした
ヌヴェール愛徳修道会本部修道院……94

マップ（ヌヴェール）……96

3 リジュー
聖女テレーズ・マルタン………………98

聖テレーズ・マルタンの生涯……100

【ガイド】リジュー　薔薇の聖女・テレーズが暮らした街……126

しょうこのおすすめ……132

マップ（リジュー）……133

各地へのアクセス……134

参考文献……136

おわりに……140

巡礼について
À propos du pèlerinage

日常の喧騒を離れて、聖地におもむく……そこでひとり静かに祈りたい。
キリスト者でなくとも、愛に満ちた
静かな場所に浸りたいと思う方は、多いのではないでしょうか。

キリスト教における巡礼は、
聖書に記載された場所を見たいと願うことにはじまり、
古くは4世紀にその記録があるといいます。

巡礼を志すものは幸い。
『教会の祈り』の詩編に、このフレーズを見つけました。

「しあわせな人、あなたの家を すまいとし、
絶えず あなたをたたえる人。
しあわせな人、
あなたによって奮いたち、巡礼を志す人」

(詩編 84 神のすまいへのあこがれ)

✝

"巡礼の旅" は、疲れた私たちを包み、癒し、清めてくれます。
そして、再び、それぞれの場所に新たな自分になって帰って行く……。
現代人にとって、必要不可欠な心の旅なのです。

巡礼者の心と身体を癒す、ルルド。正面入口の聖ミシェル門から臨んだ、朝の聖域。

chapitre **1** à Paris

聖女 カタリナ・ラブレ
Sainte Catherine Labouré

私の生涯で、もっとも甘美で
素敵な時間でした……

1830年、フランス、パリ。ある夏の夜のことでした。

バック通りの修道院で、修練者カタリナ・ラブレは自分の名を呼ぶ子どもの声で目を覚まします。

「聖堂にいらしてください、聖母マリアが待っておられます」

光につつまれた子どもに導かれ、カタリナが見たものとは……。

ホスピスで、生涯を通して献身的に働き、のちに"沈黙の聖女"と呼ばれたカタリナ・ラブレ。彼女の面影を探しに、私は晩秋のパリへと旅立ちました。

✝聖堂に現れた聖母マリアからのメッセージ

「わが子よ、神はあなたに一つの使命を委ねようと思し召しになっておられます」

「この祭壇のもとにいらっしゃい。ここで心を込めて恵みを願うすべての人々に、その恵みが注がれるでしょう……」

「これをモデルにしてメダイをつくらせなさい。信頼をもってこのメダイを身につける人には、豊かな恵みが与えられるでしょう」

パリのバック通り、「不思議の
メダイの聖母の聖堂」入口の壁
裏にある、聖母マリアとカタリ
ナのご像。

聖カタリナ・ラブレの生涯

1806年5月2日 － 1876年12月31日

1806年	0歳	5月2日、フランス北東部ブルゴーニュ地方のファン・レ・ムティエ村の農家、父ピエールと母ルイーズの間に8番目の子として生まれ、翌日に洗礼を授かる。
1815年	9歳	荷車から落ちて動けなくなってしまった末弟オーギュストのことを気に病み、病気になってしまった母がこの世を去る。 聖母マリアの祈りを唱え、マリアを第2の母として慕う。
1818年	12歳	初聖体を受ける。姉のマリー・ルイーズが、聖ヴィンセンシオ・ア・パウロの愛徳姉妹会に入会。
1824年	18歳	ある日、司祭に「神様はあなたに託すご計画をもっていらっしゃる」と言われる夢を見る。
1828年	22歳	シスターになることを父に反対され、パリにいた兄、シャルルのレストランの手伝いに行かされる。同年、もうひとりの兄、ユベールの妻が経営する寄宿学校に入学。 愛徳姉妹会の支部に飾られていた、聖ヴィンセンシオの肖像画を見て、かつて夢に出て来た司祭と知る。兄姉が父を説得し、修道女（シスター）になることを許される。
1830年	24歳	4月21日、パリ、聖ヴィンセンシオの愛徳姉妹会に入会する。25日、祈りの最中に聖ヴィンセンシオの心臓の幻視を見る。 7月18日〜19日にかけての真夜中、聖母のご出現を受ける。11月27日、再び聖母のご出現を受け、メダイをつくらせるようにお告げを受ける。

パリの「不思議のメダイの聖母の聖堂」の中に、
腐敗しないまま今も眠る聖カタリナ・ラブレ。
19世紀のフランスでは、各地で聖母の出現が報告されましたが、
彼女の経験はそのさきがけとなりました。

1831年	25歳	2月5日、修練期を終え、ホスピスに派遣され、年老いた人々の世話をして働く。
1832年	26歳	初めてメダイが刻まれる。身につけると病気が回復するなどの様々な奇跡があったため「不思議（奇跡）のメダイ」と呼ばれ、広まる。
1851年	46歳	愛徳姉妹会が「マリアの子ども会」を設立。
1854年	49歳	12月8日、教皇ピオ9世が「無原罪の御宿り」という教義を発表。
1870年	64歳	皇帝ナポレオン3世がロシアに宣戦布告、フランスは敗北。聖母から依頼されたマリア像が完成。
1876年	70歳	12月31日、シスターたちと一緒にロザリオの祈りを唱えながら、天に召される。
1877年		1月3日、聖堂の地下に埋葬される。
1933年		死後56年が経って、列福調査のため遺体が発掘され、腐敗していないことが確認される。
1947年		7月21日、教皇ピオ12世によって聖人の列に加えられる。

ファン・レ・ムティエの祈る天使は……

[1806年5月−1830年4月]

1806年5月2日、フランスのブルゴーニュ地方、ファン・レ・ムティエという小さな村のラブレ家に、8番目の子どもとして、カタリナ・ゾエは生まれました。

父は畑に出て、母は鳩の世話や牛の乳搾りをし、子どもたちは両親から仕事やキリストの教えを学び、幸せに暮らしていました。

けれどある日、末っ子が事故に遭い動けなくなってしまい、気に病んだ母は体調を崩し、1815年にとうとう亡くなってしまいました。この時カタリナは9歳。打ちのめされそうになりながらも、母に教わった"アヴェ・マリア"の祈りを唱え、聖母を母親代わりに慕うようになります。3年後、姉のマリー・ルイーズが「聖ヴィンセンシオ・ア・パウロの愛徳姉妹会」のシスターになりました。

当時12歳のカタリナも時間を見つけては教会へ足を運び、長い時間祈っていました。その姿は神秘的で、まるで祈る天使のようだったといいます。

ある夜、カタリナはこんな夢を見ました。村の教会にひとりの司祭が現れると、「あなたはいつか私をみつけるでしょう。神様はあなたに託すひとつのご計画を持っていらっしゃいます」と告げたのです。

カタリナも姉のようにシスターになりたいと父に告白しますが、猛反対を受けました。父は、カタリナの考えが変わるのではないかと、パリでレストランを営む兄のもとへ手伝いに出しました。しかし、兄たちはカタリナの心が沈んでいることに気づき、義姉が経営する寄宿学校に預けることにしました。学校の近くにも愛徳姉妹会があることをカタリナは知り、訪ねてみるとそこには、かつて夢に出てきた司祭の肖像画があったのです。

その司祭こそが愛徳姉妹会の創立者、聖ヴィンセンシオ・ア・パウロだったのです。その後、兄たちの協力もあり、1830年4月21日、ようやくパリの愛徳姉妹会の修練院に入ることができました。4月25日、パリはお祭り騒ぎでした。

フランス革命の間に隠されていた聖ヴィンセンシオのご遺体が、ノートルダム大聖堂から宣教会聖堂に移されることになったからです。シスターたちとともに、カタリナもその行列に加わりました。その晩、カタリナは祈りの中で聖ヴィンセンシオの心臓が「フランスには大変なことが起こる。そのとき、人々の心の中に愛の火を灯せるようにならなければならない」と語りかける幻視を見ました。

上／聖堂に通じる通路の壁にあるレリーフのひとつ。鳩の世話をする幼少期のカタリナが描かれています。　右／バック通り140番地にある「不思議のメダイの聖母の聖堂」の門。老舗デパート、ボンマルシェのすぐそばで、繁華街にあるため、それと知らなければ見落としてしまいそうな佇まいです。

聖母のご出現

［1830年7月18日－19日］

　1830年7月18日の真夜中のことです。

　眠っていたカタリナは、3度つづけて自分の名を呼ぶ声で目を覚ましました。声のするほうに目をやると、そこには白い衣をまとった金髪の子どもがいました。全身からまばゆい光を発し、その光が周囲を照らしています。

　子どもは「聖堂にいらしてください、聖母マリアが待っておいでです」と言いました。

　カタリナは、他のシスターたちが目を覚まさないかと心配に思いましたが、「恐れることはありません。皆は眠っています。さあ、一緒にまいりましょう」と、呼びかけられ、その子どもの後について行きました。

　すると驚くことに、鍵がかかっているはずの聖堂の扉は、子どもが指で触れるだけで開き、聖堂の中には灯が輝いていました。そこは夜半のミサを思わせるほど明るく、カタリナは祭壇に進むとひざまずいて祈りました。

　しばらくすると、子どもがこう告げました。

「聖母がおいでになりました。あちらに……」

　祭壇の右手のほうから衣ずれのような音が聞こえたかと思うと、それはそれは美しいご婦人がおいでになり、椅子に腰かけられました。

　カタリナはその方の足元に進み、膝の上に両手を合わせてのせました。

　聖母は左手で祭壇を指差して、こうおっしゃいました。「祭壇のもとにいらっしゃい。ここで祈り願う人々に、多くの恵みが与えられます」

　そして、「神はあなたに使命を与えようとしています。フランスには不幸が降りかかろうとしていますが、いつの時代にも大切な聖体に深い信仰をもって祈る人々には、多くの恵みが与えられるのです」とつづけられました。

†

　のちにカタリナはこの日のことを次のように振り返っています。

「私の生涯でもっとも甘美で素敵な時間でした。その方はずいぶん長い間お話しをなさってから、影のように見えなくなりました。私の守護の天使に違いない子どもに案内されて寝室に戻ると、時計が午前2時を打つのを聞きました。この晩は眠ることはできませんでした」

上／カタリナが聖母と出会った不思議のメダイの聖母の聖堂。この祭壇を訪れる人々に、多くの恵みを与えると聖母がおっしゃった聖堂は、カタリナの死後公開され、多くの巡礼者が訪れています。　右／聖堂に通じる通路にあるレリーフ。椅子に腰かけた聖母とカタリナ、そして彼女を導いた子ども（守護の天使）が描かれています。

その後の聖母のご出現

［1830年11月27日と12月］

　7月のご出現から4ヶ月経った11月27日、聖堂で他のシスターとともに夕方の祈りをしていたカタリナの前に、再び聖母マリアが現れました。
　地球の上に立ったその聖母は、足で蛇を打ち砕いています。そして十字架のついた黄金の小さな地球を両手に持って、神に捧げていらっしゃるのが見えました。「この地球は全世界を、フランスを、そして一人ひとりを表しています」とおっしゃる聖母の指は、宝石をちりばめた指輪で飾られていました。
　その指輪からは四方に輝くまばゆい光が放たれ、聖母を包み込みました。
　やがて聖母はカタリナに「この光線は私に願う人々に注がれる恵みのしるしです」とおっしゃると、聖母の周囲に楕円形の枠が現れ

　O MARIE CONCUE SANS PECHE, PRIEZ POUR NOUS QUI AVONS RECOURS A VOUS.

（無原罪の聖マリア、あなたに寄り頼む私たちのためにお祈りください）
　という祈りの言葉が見えました。

左／聖堂に置かれた、カタリナのご遺体の上にある、ご出現を象った聖母像。小さな黄金の地球を持ち、大きな地球に立った姿で、カタリナの前に現れました。　右ページ／聖堂の正面、祭壇上に置かれた光の聖母像。広げた両手から足下の地球に向かって、光の束が放射状に放たれていて、上部には聖母マリアの周りに現れたメッセージが刻まれています。

聖母を囲んだ楕円の枠が裏返ると、小さな十字架のついたMの文字と、その下にふたつの心臓をカタリナは見ました。その時、聖母の声が響きました。
「これをモデルにしてメダイをつくらせなさい。信頼をもってこのメダイを身につける人には、豊かな恵みが与えられるでしょう」

†

　それからしばらく経った12月のある日、祈っているカタリナは、祭壇の後ろから再び聖母の衣ずれの音を耳にし、メダイと同じ絵が聖櫃の少し後ろに現れたのを見ました。
　そして「もうあなたは私を見ることはありません。でも祈りの時に私の声を聞くでしょう」と聖母は語りかけたのです。
　こうして、聖母のご出現は終わりました。

†

　メダイの裏の12の星については、カタリナは何も語っていませんが、祈りの時に聖母マリアから聞いていたことでしょう。

左／聖母マリアがカタリナ・ラブレに依頼し、現代に受け継がれている「不思議のメダイ」。カトリックの司祭に祝福していただき、身につけることをおすすめします。

不思議のメダイ

聖母マリアは「これをモデルにしてメダイをつくらせなさい。信頼をもってこのメダイを身につけ"無原罪の聖マリア、あなたに寄り頼む私たちのためにお祈りください"と祈る人には、豊かな恵みが与えられるでしょう」とおっしゃいました。今もなお、このメダイを身につける多くの方々に、聖母マリアの愛のしるし、豊かな恵みが降り注いでいます。

＊無原罪の御宿り
救い主の母となるよう、神に選ばれたおとめマリアは、
命を授かった瞬間からすべての罪からまぬがれ、
恵みで満たされていたという、マリアの身分を定めるものです。

［表面］　　　　　　　　　　　　　　　　　　［裏面］

1. O MARIE CONCUE SANS PECHE, PRIEZ POUR NOUS QUI AVONS RECOURS A VOUS.
（無原罪の聖マリア、あなたに寄り頼む私たちのためにお祈りください）
2. カタリナが見た聖母の姿。宝石がちりばめられた指輪から、放射状に光が放たれている
3. 踏み砕かれた蛇（悪霊）
4. 地球（全世界）

5. 私たちの救いのために十字架上でお亡くなりになったイエス・キリスト
6. 聖母マリア（MARIA）の「M」
7. 無原罪（Immaculata）の「I」
8. 人々の救いのために、いばらの棘で傷ついたキリストの御心
9. 御子を犠牲とされて、苦しみの剣でつらぬかれた聖母マリアの御心
10. イエスの12人の使徒を意味し、教会のシンボルでもある12の星

ご出現後の人生

［1831年2月－1876年］

　1831年2月5日、修練期を終えたカタリナは、パリのリュイにあるホスピスで働くことになりました。毎日忙しく働きながらも、聖母から託されたいくつかの使命についていつも考えていました。

　カタリナは信頼のおけるアラデル神父に、このことを打ち明けます。

　はじめは信じてもらえなかったものの、無心に頼みつづけるカタリナの気持ちが伝わり、1832年6月にはパリ大司教の許可も得て、2000枚のメダイが刻まれることになりました。その際、カタリナは決して自分の気持ちを表に出すことがなかったので、アラデル神父はその謙遜さに感心しました。

　ちょうどその頃、パリではコレラが流行し、多くの死者が出ていました。

　シスターたちはメダイを配り、聖母がカタリナに伝えた「無原罪の聖マリア、あなたに寄り頼む私たちのためにお祈りください」という祈りを繰り返すようにすすめました。すると、病気が回復する人が多く現れ、いつしかメダイは「不思議のメダイ（奇跡のメダイ）」と呼ばれるようになり、3年後には150万枚が刻まれ、ヨーロッパ中に広まりました。

✝

　そして、この祈りが教会にとって大切な「無原罪の御宿りの教義」へとつながっていきます。

✝

　聖母から託された使命は他にもありました。

　その頃、フランスの経済は厳しく、幼いうちから働かなければならない子どももいました。子どもに乱暴する大人もいたため、カタリナは子どもたちを守り、将来を支援するために1851年リュイに、アラデル神父やシスターたちの助けによって「マリアの子ども会」という施設をつくりました。

　子どもの世話をすることは、聖母がカタリナにお望みになったことのひとつだったのです。

　カタリナは、ここリュイで46年間働きますが、アラデル神父以外には沈黙を貫いていたため、誰にも聖母と出会ったことを知られることはありませんでした。

聖カタリナの生涯を表したレリーフ。
1段目　左から右へ
＊子どもの頃のカタリナが、当時は食用とされていた鳩に餌をあげているところ。
＊天使に伴われ聖堂に行くカタリナ。
＊聖母マリアが現れ、その膝に手を置いて語り合うカタリナ。
2段目　左から右へ
＊メダイにより、イタリアの銀行家、ラティスボンヌが回心した。
＊病人がシスターからメダイを受けているところ。
3段目　左から右へ
＊聖堂の裏が火事になった時、メダイを投げ入れ類焼を免れた。
＊メダイを通して多くの人に、聖母マリアに対する信心が広がった。マリアが望まれた「マリアの子ども会」は世界中にある。

沈黙のうちに……

［1876年12月31日］

　カタリナは年老いて、だんだん体が弱ってきていました。けれどもまだ、聖母のもうひとつの願い、両手に地球を持った聖母像をつくることが叶えられていないことが気がかりでした。アラデル神父が亡くなっていたため、1876年、カタリナは長上のシスター・デュフェに、自分の身に起きたことを告白します。
「両手に地球を持った聖母像をつくらなければなりません。母が子を抱くように、聖母は世界のすべての命を神様にお見せしているのです。イエスがこの世界を愛されたように、私たちも世界を愛するように、新しい世界を築くようにとおっしゃっているのです」と。

　ようやく出来上がった聖母像を見たカタリナは、実物のほうがうんと綺麗だったと、がっかりしました。

　その年の暮れ、カタリナはいよいよ具合が悪くなってしまいました。「死ぬのが怖くないか」と問われると「どうして怖いことがありましょう、イエス・キリスト、聖母マリア、聖ヴィンセンシオに会えるのですよ」と、静かに答えました。

　1876年12月31日、カタリナはご聖体をいただき、シスターたちとともにロザリオの祈りを唱えました。無原罪の聖母を直観したカタリナの聖い霊魂は、微笑みを浮かべながら、天に旅立ったのでした。

✝

　沈黙を守り、人知れず、埋もれた生活を貫いたカタリナ。聖母が宝物を委ねられたこの謙遜なシスターの名を、知る者とていなかったのです。シスター・デュフェは言いました。「もう何も隠すことはありません。聖母にお会いして、不思議のメダイをつくらせるようにとお告げを受けたのは、シスター・カタリナです」

　カタリナの葬儀には、長い行列が出来ました。

　1947年7月21日、カタリナは教皇ピオ12世によって聖人の列に加えられました。「不思議のメダイの聖母の聖堂」の中で、今もカタリナは腐敗せず、聖母を見た眼は碧い瞳孔を残したまま眠っています。聖堂には今もひっきりなしに、多くの人々が聖母マリアの誘いに応えてやって来ます。
「この祭壇のもとにいらっしゃい。ここで、心を込めて恵みを願うすべての人々に、その恵みが注がれるでしょう……」

死後140年以上経った今も、聖カタリナは聖母が出現されたこの場所で腐敗しないまま眠っています。

Paris
パリ

沈黙の聖女・カタリナが暮らした街

Église 教会

不思議のメダイの聖母の聖堂
Chapelle Notre-Dame de la Médaille Miraculeuse

聖母が出現された場所

パリ市のほぼ中央に位置する7区。老舗デパート、ボン・マルシェのあるバック通り140番地に、静かに佇む美しい聖堂があります。ここが、聖カタリナの前に聖母マリアが出現された場所です。大通りから一本入った通りに面した入口は、言われなければ見逃してしまいそうなほど。聖堂に入ると正面に祭壇があり、地球の上に立ち、手から光線を放つ聖母像が見えます。向かって右手の壁には、地球を両手で持って天を仰ぎ見る聖母像があり、その下に置かれたガラスの棺の中には、カタリナが腐敗しないまま眠っています。「この祭壇のもとにいらっしゃい。ここで多くの恵みが与えられます」とカタリナに告げた聖母マリア……時を経た今も、絶え間なく多くの人々がこの場所を訪れています。

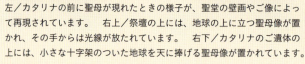

左／カタリナの前に聖母が現れたときの様子が、聖堂の壁画やご像によって再現されています。　右上／祭壇の上には、地球の上に立つ聖母像が置かれ、その手からは光線が放たれています。　右下／カタリナのご遺体の上には、小さな十字架のついた地球を天に捧げる聖母像が置かれています。

教会の売店で買える「不思議のメダイ」

聖堂の脇には売店があり、様々な種類の不思議のメダイを購入することができます。不思議のメダイはアクセサリーではないので、司祭の祝福を受けて身につけることをおすすめします。ここでしか買えないこの聖堂の壁画の台紙に収められたものもあります。

◆開館時間
月・水・日曜／7:45-13:00、14:30-19:00
火曜／7:45-19:00
祝日／8:15-12:30、14:30-19:00
◆ミサ
月・水・金曜／8:00、10:30、12:30
火曜／8:00、10:30、12:30、15:30、17:15
土曜／8:00、10:30、12:30、17:15
日曜／8:00、10:00、11:15
祝日／8:30、22:30

◆晩の祈り
火 - 日曜、祝日／18:50
住所
140 Rue du Bac, 75340 Paris Cedex 07
電話
01 49 54 78 88
URL
http://www.chapellenotredamedelamedaillemiraculeuse.com/
地図
P.29 Ⓜ Sèvres - Babylone 駅（10、12番線）下車

Boutique ／ ショップ

ディエール・エ・ドジュルデュイ
D'hier et d'aujourd'hui

教会近く、高級メダイが揃うお店

旅の記念に、一生もののゴールドメダイを求めたいという方におすすめ。小さな店内には、不思議のメダイに限らず、ゴールドを中心に、様々なアクセサリーが置かれています。不思議のメダイの聖母の聖堂からは歩いてすぐの場所にあります。

上／メダイだけでなくいろいろなゴールドのアクセサリーが揃う。店員さんにお願いすると、希望のものを見せてくれます。もちろん一番のおすすめは不思議のメダイ。下／パリの高級ブティックという雰囲気。

営業時間　10:30-19:00（水曜 -18:00）
定休日　日・月曜
住所　134 Rue du Bac, 75007 Paris
電話　01 45 44 44 59
地図
P.29 Ⓜ Sèvres–Babylone 駅（10、12番線）下車

Ma recommandation
あわせて訪ねたい
しょうこのおすすめ

パリ・マレ地区。観想修道生活を送るエルサレム修道会本部の聖堂は、ブラザーとシスターの祈りの歌声に満ちていました。都会のオアシス、心身ともに癒される場所を訪れて……。

サン・ジェルヴェ・サン・プロテ教会
Église Saint-Gervais-Saint-Protais

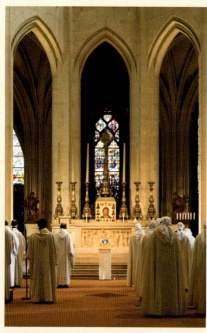

バロック様式のファサードが美しい教会の入口。聖堂は、ゴシック様式で建てられています。

祈りの歌声響くマレ地区のオアシス

パリの喧騒の中に、壮麗な教会が佇んでいます。聖堂に入ると、美しいステンドグラスから温かな光が差し込んでいます。かつてこの教会のオルガニストを務めた、クープラン一族らも弾いていたパリ最古のオルガンが、今も美しい音を奏でています。夕方からはじまる「晩の祈り」は、ブラザー、シスター方の澄んだ祈りの歌声を聴くことができ、どなたでも参加できます。

晩の祈り。シスター、ブラザーの祈りの歌声が聖堂に満ち溢れます。

開館時間
火-金曜／7:30-12:30、13:00-17:30
土・日曜／8:30-12:30、13:00-17:30
月曜は、修道女・修道士が黙想に入るため、典礼音楽はありませんが、教会は7:00-21:00まで開いています
◆朝の祈り、昼の祈り、晩課、ミサ
火-土曜／7:00（土曜／8:00）、12:30、18:00、18:30
日曜／朝の祈り8:00、主日のミサ11:00、晩課18:30
休館日 1月1日、イースター、イースターの月曜日、キリスト昇天祭、5月1日、5月8日、聖霊降臨祭、聖霊降臨祭の月曜日、7月14日、8月15日、11月1日、11月11日、12月25日

住所　13 Rue des Barres, 75004 Paris
電話　01 48 87 32 02
URL
http://jerusalem.cef.fr/paris-saint-gervais
地図
P.29 Ⓜ Hôtel de Ville駅（1、11番線）下車

Boutique ショップ

モナスティカ
Monastica Art et Artisanat

修道院で作られたハンドメイドの品々が揃う

サン・ジェルヴェ・サン・プロテ教会の裏にある、エルサレム修道会のショップ。フランス各地の修道院でつくられたグッズが揃う。ビオをコンセプトとしている食品類は、ほとんどが昔のままのレシピを使用。中には12世紀の聖ヒルデガルトのレシピでつくられたサブレも。

営業時間　月-金曜／10:00-18:00
土曜／10:00-18:30
定休日　日曜（8月は休業）
住所　10 Rue des Barres, 75004 Paris
電話　01 48 87 85 13
URL
http://www.monastica-art-et-artisanat.com/
地図
P.29 Ⓜ Hôtel de Ville駅（1、11番線）下車、Pont Marie駅（7番線）、Saint-Paul（1番線）駅下車

左下／修道会オリジナルのトートバッグとチャプレット。その時期の典礼に合わせてつくられる天然石のチャプレットは貴重です。　右下／修道会のブラザー、シスターも履いている牛革サンダル。

Restaurant レストラン

クレープリー シュゼット
Creperie Suzette

お洒落でおいしい本場の味を楽しめる、ガレットのお店

石畳の路地に面したシックなレストラン。「本場ブルターニュのそば粉ガレットの味を堪能できる」とパリっ子に人気。ベーコンやチーズ、ポテトにバジルを効かせたボリュームたっぷりのガレットや、スモークサーモンのサラダにレモンとクリームを合わせたガレットとリンゴジュースもおすすめ。

営業時間
12:00-22:30
定休日　なし
住所　24 Rue des Francs Bourgeois, 75003 Paris
電話　01 42 72 46 16
地図
P.29 Ⓜ Saint-Paul駅（1番線）、Chemin Vert駅（8番線）、Hôtel de Ville駅（1、11番線）下車

一番人気、生ハム、卵、チーズのクレープ。シードル（リンゴ酒）と合わせるのがブルターニュ流。

| Hébergement |
| 宿泊 |

サクレクール大聖堂付属の宿泊施設
La Maison d'accueil EPHREM

大聖堂の隣に泊まる

サクレクール大聖堂に付属している、ベネディクト会女子修道院の宿泊施設のため、聖堂内で行われる朝から晩までの永久礼拝に、専用通路を通って自由に参列することができます。シスターのシターの伴奏による祈りは、天使が奏でているかのように美しく、ずっとここで歌声を聴きながら祈っていたいと、思える時間がもてます。部屋は簡素ですが清潔で、サクレクール大聖堂が見える部屋もあります。

住所 35 Rue du Chevalier de la Barre, 75018 Paris
電話 01 53 41 89 00
メール ephrem@sacrecoeurdemontmartre.fr
宿泊料金
シングル 44€（2食付き）、59€（3食付き）
ダブル（1名につき） 39€（2食付き）、54€（3食付き）
地図
P.29 Ⓜ Anvers 駅（2番線）、Abbesses 駅（12番線）から、ケーブルカーもしくはエスカレーター

上／サクレクール大聖堂へは、写真右の回廊を渡って宿から直接行くことが可能。　下左／あるのは十字架、ベッド、デスクと椅子のみの簡素な部屋。　下右／デザートもついた、シスター手づくりの夕食。

教会や修道院が運営する宿泊施設に泊まるメリット

部屋の設備はホテルに比べて簡素ですが、その分安価でもあります。食事はシスターの手づくりで美味しいところが多く、シスター方が優しく、親切にもてなしてくださいます。静かに祈れるチャペルが館内にある場合も多く、世俗から離れて祈りの時間をもつこともできます。

✝ **注意すべき点**

喧騒から離れて静かに過ごせる反面、少し不便な場所にあることもあります。またバスタブはほとんどなく、水回りの設備はシャワーのみなど簡素なことも。アメニティーはなく石鹸のみで、ドライヤーも備えつけられていないことがほとんどです。タオルはついていますが、有料という場合もあります。

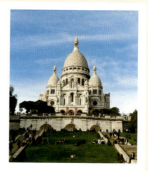

今回紹介した宿は、モンマルトルの丘の上にそびえ立つ、サクレクール大聖堂の裏にあります。

chapitre 2 à Lourdes

聖女 ベルナデッタ・スビルー

Sainte Bernadette Soubirous

聖母が私を選ばれたのは、
私がもっとも貧しく、無知だったからです

　聖ベルナデッタの吸い込まれるような、深く黒い瞳、凛とした強い眼差し……私は、内に秘めた情熱を感じさせるその瞳に心惹かれます。

　遠い一点を見つめるその先は、この地上ではなく世間を通り越した永遠の彼方を見つめているかのようです。

　誇り高い瞳、けれど、ベルナデッタは貧困の中に育ちました。

　貧しく、無学で、人々のさげすみの対象だった少女。そのもっとも貧しいベルナデッタを選んで、聖母マリアは姿を現したのです。

　ベルナデッタ・スビルーの人生を辿る旅がはじまります。

　† 洞窟に現れた聖母マリアからのメッセージ
　「お願いですから、15日間ここへ来てくださいませんか」
　「償いを！」
　「罪びとのために償いの心をもって、地面に接吻しなさい」
　「司祭のところへ行って、ここに聖堂を建てるように言いなさい。皆が行列をして来ることを望んでいるのです」
　「私は無原罪の宿りです」

献堂式から150年近い時を経て、人々の祈りが染み込んだかのようなルルド「無原罪の御宿り大聖堂」の聖母ご出現の様々な場面を描いたステンドグラス。私が訪れたその日も聖歌が響いていました。

聖ベルナデッタ・スビルーの生涯

1844年1月7日－1879年4月16日

1844年	0歳	1月7日、フランス南部のルルド村に、小麦の粉挽き職人の父フランソワと母ルイーズの長女として誕生し、2日後に洗礼を授かる。11月、母が胸に重度の火傷を負い、近郊のバルトレス村に預けられる。
1846年	2歳	4月、ルルドの両親のもとへ戻る。
1854年	10歳	父の仕事が立ちゆかなくなり、住居兼職場だった水車小屋を手放す。その後父は日雇い労働者へと転落し、一家は困窮する。 12月8日、教皇ピオ9世が「無原罪の御宿り」という教義を発表。
1855年	11歳	喘息を患い、以後、一生この病に苦しむこととなる。
1857年	13歳	一家はますます困窮し、もとは牢獄として使われていた粗末な一室に移り住む。その直後、父が窃盗事件の犯人と疑われ、一家の評判は地に堕ちる。9月、家計を助けるため、バルトレス村へ女中として働きに出る。
1858年	14歳	1月、ルルドに戻る。2月11日、村はずれの洞窟で白い服を着た女性に出会い、以後、この女性は7月までに18回姿を現す。2月25日、女性が告げた場所を掘ると泉が湧き、3月1日、近郊の村人に最初の奇跡が起こる。2日、女性は聖堂の建設と行列を望み、25日、「私は無原罪の宿りです」と聖母であることを告げる。7月、地元の司教区が一連の出来事について調査を開始し、ベルナデッタは数回にわたり尋問を受ける。

無学で、病弱で、貧しいがゆえに軽蔑され、
社会から疎外されていたベルナデッタ。
そんな、もっとも貧しいベルナデッタの前に、
聖母マリアは出現され、使命をお与えになりました。

1860年	16歳	7月、ヌヴェール愛徳修道会運営のホスピスに住むことを許され、同じ敷地内にある学校に通う。
1862年	17歳	1月、4年にわたる調査が終了し、司教はルルドに聖母が現れたことを公式に宣言する。
1866年	22歳	5月、聖堂が完成し、最初の行列が行われるのを見届けた後、7月、フランス中部のヌヴェール市に本部を置く、ヌヴェール愛徳修道会の修練院に入る。
1867年	23歳	10月、修練期を終えて誓願を立て、シスターとなる。以後、修道会本部内の病室で看護助手として働く。患者に献身的につくす、慈愛に満ち優れた看護助手だった。
1875年	31歳	体調を崩し、ベッドから起き上がれなくなる。1877年頃からはカリエスを患い、膝が大きく腫れあがる。持病の喘息も悪化の一途をたどる。
1879年	35歳	4月16日、帰天。修道院内の聖ヨセフ小聖堂に葬られる。
1909年		列福調査のため棺を開くと、遺体が腐敗していないことが確認される。1919年、1925年の調査でも腐敗は見られなかった。
1925年		列福。遺体を修道院聖堂に移す。
1933年		12月8日、「無原罪の御宿りの祝日」に列聖。

水車小屋に生まれて

[1844年]

　1844年1月7日、ベルナデッタ・スビルーは、フランスのピレネー地方の村、ルルドに父フランソワと母ルイーズの長女として誕生しました。
　両親は神への祈りを欠かさない、敬虔なキリスト教徒でした。ベルナデッタは生後2日目に、両親が結婚式を挙げた教会で洗礼を授けられます。奇しくもその日は、ふたりの結婚1周年の記念日でした。

†

　家族は「ボリーの水車小屋」と呼ばれる住まいで暮らし、粉挽屋を営んでいました。ゆりかごに眠るベルナデッタの耳には、川のせせらぎと、朝に夕に回る水車の音が聞こえていたことでしょう。
　しかし、両親があまりにも善良なため、貧しい人に小麦を施したり、ツケ払いで小麦を売ったりしていたため、徐々に生活は苦しくなり、雨不足で川が干えたことも重なって、一家は破産してしまいました。
　そんなある日、次の子を身ごもっていたルイーズに、追い打ちをかけるようなことが起こります。
　壁にかけてあったランプが落ちて服に燃え移り、胸にひどい火傷を負ったのです。乳を飲ませることができなくなったルイーズは、ベルナデッタを近隣の村へ預けざるを得なくなったのでした……。

左／改装されたボリーの水車小屋。1階の台所、2階の居間とベルナデッタが生まれた部屋も見学可能です。当時は川が流れ、水車を回していました。
右／ベルナデッタが洗礼を授かった当時のままの洗礼盤。右の洗礼者ヨハネ像も当時のまま。

ベルナデッタは生後2日目に、この「サクレ・クール教会」で洗礼を授かりました。現在の建物は1900年代に建て直されたものですが、幾つか当時をしのぶ品が残されています。

両親と離れ、バルトレス村に

[1844年11月－1846年4月]

　なだらかな丘と、美しい緑の牧草。静かにその草を食む牛や羊たち。
　ボリーの水車小屋からほど近い山の上、ルルドから4キロに位置するバルトレス村には、今も19世紀と変わらない風景が広がっています。
　ベルナデッタはこの、のどかな村で、乳幼児期のおよそ2年間を過ごすことになりました。
　乳母となったマリー・ラギューは、息子を亡くしたばかりで、亡き子の身代わりのようにベルナデッタを喜んで引き受けました。
　父フランソワも「麦の仕入れに行かなければ」、「出来た小麦粉を届ける」など、口実を見つけては片道1時間以上の坂道を歩いて、ベルナデッタの顔を見に足繁く通っていました。両親と離れて暮らしてはいたものの、豊かな自然の中で愛に満ちた幼少期をベルナデッタは送ったのです。

のどかな農村、バルトレス。

バルトレスには、豊かな自然と、のどかさが残っています。ベルナデッタが暮らしていた頃のまま、時が止まっているかのよう。聖女に想いを馳せ、静かな黙想の時がもてる、バルトレスへも是非、足を伸ばしてください。

父の転落、長い苦難のはじまり

[1846年4月－1857年]

　母の火傷の傷も癒えた2歳の春、ベルナデッタはルルドへと戻ることになりました。水車小屋のすぐ横を流れる小川、近所の岩山、曲がりくねった坂道……少し目を離すと、どこへでも駆け出す活発な少女だったと言われています。

　その後3人の子どもが生まれ、一家は常に深い愛情に包まれていました。

　けれど、その愛情と善良さが、しだいに家族を追い詰めつつあることを、幼いベルナデッタは知りませんでした。両親は相変わらず気前の良いほどこしをつづけ、毎月、手元に残るお金はごくわずか。生活は年々苦しくなり、さらに、仕事中の事故で父が右目を失明してしまいます。

　1854年、とうとう一家は慣れ親しんだ水車小屋を手放すことになりました。

　その年、ベルナデッタは10歳。ローマでは教皇ピオ9世が、「聖母マリアは神の恵みによって、この世に生を受けた時から原罪を免れていた」という教義「無原罪の御宿り」を宣言した年です。

　父は別の小さな水車小屋を借り受けましたが、上手く経営することができず、日雇い労働者へと転落していきます。かつて牢獄として使われていた、じめじめとした薄暗い部屋。住まいを失った一家が辿りついたのは、「カショー」と呼ばれたわずか4メートル四方ほどの一室でした。

　あまりの不衛生さゆえ、牢獄からさえ払い下げられ、庭には鶏糞が積まれていたため臭気を放っていました。ルルド、いえ、フランス全土を見渡しても、これほど貧しい住まいはなかったでしょう。不衛生なこの家で、生涯癒えることがなかったベルナデッタの持病の喘息はいっそう悪化していきます。

　私は、この小さな部屋「カショー」に立ち、スビルー家の当時の苦しみを思うと、胸がしめつけられるような思いがしました。

　けれど、「この部屋に入るとスビルー家の人々には穏やかさが感じられ、貧しさの中にも平和と幸せが満ちていた」と、当時そこを訪れた人が語っています。

　家族は、毎晩十字架とロザリオがかけられている暖炉の前に集まって、大きな声で「ロザリオの祈り」を唱えていたのです。深く素朴な信仰のうちに、家族は固く信頼しあって生きていました。

上／現在は清潔に整備されていますが、当時の記録には「汚く暗く人の住めるところではない」とあるカショー。10畳に満たない部屋に、家族6人が肩を寄せ合って暮らしていました。
下／注意を払わなければ見落としてしまいそうな、カショーのひっそりと小さな入口。

再びバルトレス村へ

[1857年9月 − 1858年]

　1857年、この善良な一家をさらに打ちのめす事件が起こります。
　村のパン屋で起こった窃盗事件の犯人として、貧しいからと疑いをかけられ、父が逮捕されてしまったのです。もちろんこれは無実の罪でしたが、数日間拘留されてカショーへ戻った時、スビルー家の評判は地に堕ちていました。
　その年の9月、13歳のベルナデッタは幼年期を過ごしたバルトレスへ向かいました。かつての乳母マリー・ラギューの家で女中として働き、食い扶持を減らして家族を救うためでした。
　子守、掃除、草原での羊の番……成長したベルナデッタにマリーはつらく当たり、休む間もなく仕事を言いつけました。それでも、毎週木曜日には教会に通って、初聖体を受けるためのキリスト教の勉強を教えていただくという、マリーとの約束が大きな希望でした。
　初聖体を受けられないでいることが、信心深いベルナデッタにとっては一番つらかったのです。その勉強が唯一の楽しみだったのに、結局約束は一度も守られることなく、緑の草原でベルナデッタは、ただ羊たちのそばで小さな祭壇をつくり、ロザリオの祈りをしていたのです。
　年が明けてすぐ、彼女は村を飛び出しルルドへと舞い戻りました。

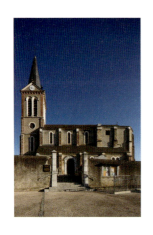

バルトレスの「洗礼者ヨハネ教会」。ここに勉強に通わせてもらう約束が守られず、ベルナデッタは失意のうちに日々を送りました。

ベルナデッタは、何を思ってここで過ごしていたのでしょうか……。彼女が羊の番をしていた小屋は、今も当時のまま残されています。

ロザリオの祈り

「私は、ロザリオの祈りしか知りませんでした……」

"ロザリオの祈り"は、ベルナデッタがもっとも愛した祈りでした。
神を信頼する人びとの祈り、すなわち、私たちが三位一体の神のものであることをあらわす"十字架のしるし"と"使徒信条"、イエスが教えてくださった"主の祈り"、天使の挨拶などに祈りの言葉を加えた"アヴェ・マリアの祈り"、天国の永遠の賛美である"栄唱"……
それが、ベルナデッタの知っている祈りのすべてでした。

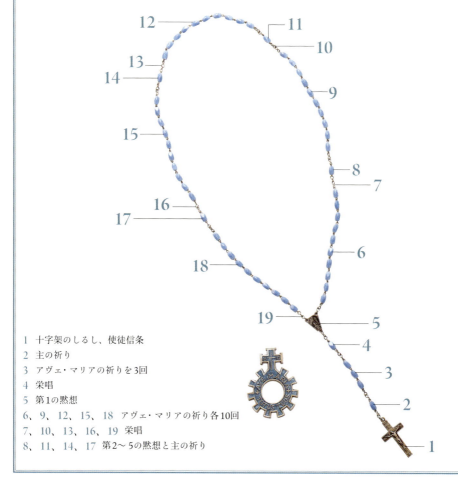

1　十字架のしるし、使徒信条
2　主の祈り
3　アヴェ・マリアの祈りを3回
4　栄唱
5　第1の黙想
6、9、12、15、18　アヴェ・マリアの祈り各10回
7、10、13、16、19　栄唱
8、11、14、17　第2〜5の黙想と主の祈り

カトリック教会において古くから愛されてきた祈りである「ロザリオ」は、"アヴェ・マリアの祈り"を繰り返し唱えながら、福音書に記されているイエス・キリストの主な出来事を黙想していくものです。ロザリオという呼び方は、ラテン語で"薔薇の冠"を意味する"rosarium"に由来し、珠を繰りながら唱える、聖母マリアへの祈りを一輪の薔薇とみなし、黙想しながら霊的花束を聖母に捧げる祈りです。1連は主の祈り1回、アヴェ・マリアの祈り10回、栄唱1回からなり、5連で1環となります。

[使徒信条]
天地の創造主、
全能の父である神を信じます。
父のひとり子、わたしたちの主
イエス・キリストを信じます。
主は聖霊によってやどり、
おとめマリアから生まれ、
ポンティオ・ピラトのもとで苦しみを受け、
十字架につけられて死に、葬られ、陰府に下り、
三日目に死者のうちから復活し、天に昇って、
全能の父である神の右の座に着き、
生者と死者を裁くために来られます。
聖霊を信じ、聖なる普遍の教会、聖徒の交わり、
罪のゆるし、からだの復活、
永遠のいのちを信じます。
アーメン。

[主の祈り]
天におられるわたしたちの父よ、
み名が聖とされますように。
み国が来ますように。
みこころが天に行われるとおり
地にも行われますように。
わたしたちの日ごとの糧を今日も
お与えください。
わたしたちの罪をおゆるしください。
わたしたちも人をゆるします。
わたしたちを誘惑におちいらせず、
悪からお救いください。
アーメン。

[アヴェ・マリアの祈り]
アヴェ・マリア、恵みに満ちた方、
主はあなたとともにおられます。
あなたは女のうちで祝福され、
ご胎内の御子イエスも祝福されています。
神の母聖マリア、わたしたち罪びとのために、
今も、死を迎える時も、お祈りください。
アーメン。

[栄唱]
栄光は父と子と聖霊に。
初めのように今もいつも世々に。
アーメン。

聖母のご出現

［1858年2月］

　ルルドに戻ったベルナデッタを、家族はひとことも責めることなく迎え入れました。とはいえ食い扶持が増え、生活はいっそう苦しくなっていきます。

　カショーの劣悪な環境、絶え間ない空腹、人々のさげすみ、聖母がベルナデッタの前に姿を現したのは、まさにもっとも苦しみに満ちたこの時だったのです。

　その日、1858年2月11日、暖炉にくべる薪を探しに、ベルナデッタは妹たちとともにマッサビエルに向かいました。そして、マッサビエルの手前を流れるガブ川に着くと、妹たちは靴を脱ぎ捨て、さっさと川を渡りましたが、喘息のベルナデッタは冬の水に足をつけることをためらいました。

　それでも、後を追おうとした時、不意にざわざわと風が鳴ったのです。

　辺りを見回すと、目の前の野ばらの繁みが揺れ、その枝はすぐ横の洞窟の壁を上へ上へとつたっていました。見上げると、奥の小さなくぼみに柔らかい光が射し、その光の中にとても美しい女性が、ベルナデッタを招き入れるように両手を広げて立っていたのです。

　ベルナデッタは驚いて立ちすくみました。思わず、いつもポケットに入れていた粗末なロザリオを差し出し、十字架のしるしをしようとしましたが、手を上げることができません。

　小柄で、裾まである白い服に青い帯を締めた女性は、立ちつくすベルナデッタに、優しく微笑んで十字を切りました。

　すると、ベルナデッタにもそれができ、彼女はひざまずいて、その美しい女性の前でロザリオの祈りを唱えはじめたのでした。

　見上げると、そのお方もベルナデッタと一緒に、ロザリオをつまぐっていたのです。

　これが、最初のご出現でした。けれど川向こうにいた妹たちは、洞窟に人など見えなかったと言います。その後、2月14日、18日と再び洞窟へ向かうと女性はまた姿を現し、「お願いですから、15日間ここへ来てくださいませんか」そう丁寧におっしゃって姿を消したのでした。

PLACE OU PRIAIT BERNADETTE LE 11 FEVRIER 1858

ルルドの洞窟。2月11日、最初のご出現の日、ベルナデッタはここにひざまずき、聖母に向かって、ロザリオの祈りを唱えました。今はモザイクタイルがその場所を指し示しています。

湧き出る泉

[1858年2月]

洞窟で起こった出来事は、日に日に大きな噂となってルルドとその周辺の村に伝わっていきました。ベルナデッタは心で呼ばれていると感じた時に洞窟へ行き、それにつき添う人々は10人、100人と日を追うごとに増えていきます。けれど、その中の誰ひとりとして、ベルナデッタが見ている女性を見ることはできないのです。

それでも、ひざまずいて洞窟を見上げるベルナデッタの姿は、人々に強い印象を与えました。時に洞窟のほうに向かって微笑みかけ、時に悲し気に眉をひそめ、その表情はくるくると変わり、笑顔は表現できないほどに美しかったと言われています。

一体、ベルナデッタが見つめているのは誰なのか？ 聖母マリアを見ているのではないか？ そう人々はささやき合うようになっていました。

†

2月24日、8度目のご出現の日、これまでとは違ったことが起こりました。

ベルナデッタが突然地面にひれ伏したのです。「償いを！」「罪びとのために償いの心をもって、地面に接吻しなさい」、白い服の女性にそう言われ、ベルナデッタはその通りにしたのです。

翌25日の朝には、ひざまずいたまま、ガブ川の周りや洞窟の中をうろついた後、突然立ち上がり、また洞窟のほうに戻って、一心に一箇所を掘りはじめました。しばらくするとその場所からは汚れた水がにじみ出し、3回手ですくって顔を近づけた後、4回目に飲みほし顔を洗いました。

そしてさらに岩のくぼみへ入っていき、そこに生えていたネコノメ草の葉をちぎって口にしたのです。これらの行いは、白い服の女性の言葉に忠実に従ったものでした。けれど集まっていた人々はそのあまりの奇怪な振る舞いに、大きな幻滅を抱いて帰っていったのです。

しかし、その日の午後、すべては一変しました。

洞窟の小さな穴から、こんこんと澄んだ清らかな水が湧きはじめたのです。

知らせは瞬く間に村々を巡り、やがて泉は様々な奇跡を起こしていきます。

上／洞窟の奥で、今も枯れることなく湧き出ている泉。水には、治療効果を持つ成分は何ら含まれていないことが分かっています。　下左／ご出現の時、「聖母はベールを被り、白い服に青い帯をし、裸足の足元には黄色い野ばらが咲いていた。そして瞳は青かった」と、ベルナデッタは証言しています。　下右／今では泉の水を水道から飲むことができます。貴重な水を瓶に詰め、人々がそれぞれの故郷へと持ち帰る姿が見られます。

「私は無原罪の宿りです」

[1858年3月－7月]

　ご出現13回目となった3月2日、洞窟の女性は「ここで行列をしてほしい、聖堂を建ててほしい」と、神父に伝えるようベルナデッタにメッセージを託しました。その頃、洞窟の前には1000人を超える人々が集まるようになっていました。

　ベルナデッタは司祭館を訪ね、女性からのメッセージを伝えると、神父はひとつ条件を出しました。「それなら、名前を聞きなさい。そうしたら聖堂を建てましょう」。けれど、約束の日の15回目までに、ベルナデッタがいくら名を尋ねても、女性はただ静かに微笑むばかりで返答はありませんでした。

　すべてが謎に包まれたまま、事態は収束していくように思われました。

　しかし、少し日を置いた「神のお告げ」の祝日に当たる3月25日の未明、ベルナデッタは突然目覚め、強く洞窟へと呼ばれていることを感じました。洞窟を訪ねると再び女性が現れ、両手を差し伸ばし、その手を胸元で合わせてこう告げたのです。「私は無原罪の宿りです」……それこそは、聖母マリアを指す言葉。無学でキリスト教の教義を知らないベルナデッタが、知るはずのない言葉でした。神父は驚愕し、これまで疑いの視線を向けていた人々も、ようやくこの出来事に向き合わざるを得なくなっていったのです。

　それから二度、4月7日と7月16日に、ベルナデッタの前に聖母は出現しました。けれどもその日を最後に、聖母は二度と姿を現すことはなかったのです。

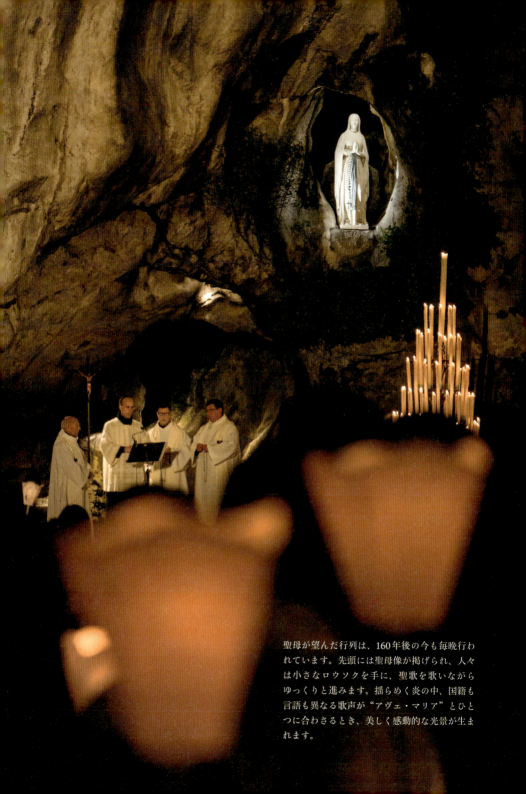

聖母が望んだ行列は、160年後の今も毎晩行われています。先頭には聖母像が掲げられ、人々は小さなロウソクを手に、聖歌を歌いながらゆっくりと進みます。揺らめく炎の中、国籍も言語も異なる歌声が"アヴェ・マリア"とひとつに合わさるとき、美しく感動的な光景が生まれます。

聖歌（あめのきさき）

ルルドでは現在も4月〜10月末頃まで、聖母マリアが望んだロウソク行列が、毎晩行われています。人々は、ロザリオの祈りを唱えた後 "あめのきさき" などを歌います。世界中からやって来る巡礼者たちが、様々な言語で歌いますが、ロウソクを高く揚げ "アヴェ・マリア" と声が合わさる瞬間は、とても感動的です。

1
天(あめ)のきさき　天(てん)の門
うみの星と　輝きます
アヴェ　アヴェ　アヴェ　マリア
アヴェ　アヴェ　アヴェ　マリア

2
百合の花と　気高くも
咲き出にし　聖きマリア
アヴェ　アヴェ　アヴェ　マリア
アヴェ　アヴェ　アヴェ　マリア

3
奇(くす)しきばら　芳わしく
恵みたもう　愛のみ母
アヴェ　アヴェ　アヴェ　マリア
アヴェ　アヴェ　アヴェ　マリア

4
病める人に　慰めを
恵みたまえ　愛のみ母
アヴェ　アヴェ　アヴェ　マリア
アヴェ　アヴェ　アヴェ　マリア

5
行く手　示す　あけの星
導きませ　み母マリア
アヴェ　アヴェ　アヴェ　マリア
アヴェ　アヴェ　アヴェ　マリア

6
神のみ母　わが望み
今もいつも　守り給え
アヴェ　アヴェ　アヴェ　マリア
アヴェ　アヴェ　アヴェ　マリア

ロウソク行列の際は、洞窟の前にロウソクを持って集合し、21時になるとマリア像を先頭に行列が開始されます。参加者は、行列をしながらロザリオ1環（P.42〜43参照）を唱えます。各1連が終わるごとに"あめのきさき"などの聖母マリアを賛美する歌を歌います。最後は、「ロザリオ大聖堂」前の広場に集い"サルベレジーナ"を歌い司祭団からの祝福をいただき終了となります。

泉の奇跡

　泉の最初の奇跡は、まだ聖母が洞窟に出現されていた3月1日に起こりました。けがによって右手の指が曲がってしまった女性が泉に手を浸した瞬間、体中に快い感覚が広がり、2年もの間、何をしても全く動かなかった指が突然動くようになったのです。

　その日から現在まで、7000例とも言われる奇跡が起こっています。しかし、ローマ教皇庁は、奇跡が起こる前の病状を正確に記したカルテがあること、奇跡の後も毎年ルルドを訪れ、医師による詳細な問診を受けることなど厳格な規定を設け、公式に認めている奇跡は70例にとどまっています。末期がんを患っていた人、多発性硬化症に全身をむしばまれ、歩くことはおろか立つこともできず、便やよだれを垂れ流していた人……そのような人々が浴槽に身体を浸した瞬間から、CT画像から癌の影が消え失せた、すたすたと歩き回ることができた。そんな奇跡としか言いようのない出来事が、数々報告されているのです。

†

　私がルルドを訪ねた日、洞窟の前には早朝からあらゆる年齢、あらゆる言語、あらゆる肌の色をした人々が列をつくっていました。杖を突く人、車椅子に乗る人、ひざまずいて祈る人……洞窟の奥で今も泉はこんこんと湧き上がり、その水脈は沐浴場と水くみ場とに分かれて人々へと供されています。

　沐浴場では、世界中から集まったボランティアスタッフがきびきびと働いていました。待合室で人々が服を脱ぎ、全身に白い布を巻くまでを手伝うこと。そして、足腰の不自由な方が浴槽に浸れるよう助けることが彼らの仕事です。

　残念ながら私は、取材日程の都合で沐浴はかないませんでしたが、沐浴場の隣の部屋でボランティアの方がふるまってくださった水を飲み、その後、"アヴェ・マリアの祈り"を唱え、たらいの水をすくって頭から降りかけました。その瞬間、全身を清冽な何かが走り抜けていった感覚がありました。洞窟へ戻ると、そこにはまだ祈り、涙ぐみ、聖歌を歌う人々がいました。たとえ病が癒えなくても、二度三度とここを訪れる人がいるということの意味が分かります。

　ルルドは人々の祈りの力に満ちた場所なのです。

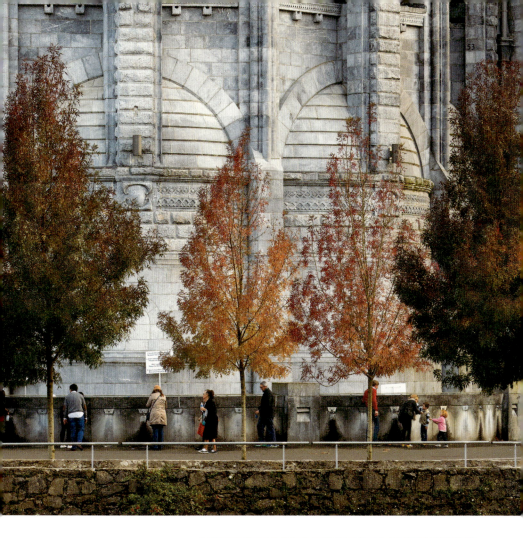

上／水くみ場。早朝から人が集まりはじめ、やがてごった返していきます。　右／病に苦しむ人が多く訪れるルドでは、常に車椅子や担架の人が優先。沐浴でも行列でも先に通され、街中が病める人への愛に満ちています。

人々の熱狂から逃れて

[1858年－1862年]

　ご出現以来、ベルナデッタの生活は一変しました。

　カショーには、ひとめベルナデッタを見たいと願う人が続々と押し寄せ、一方、いまだにご出現を疑う村や県の有力者や興味本位の新聞記者から、絶え間ない尋問や取材の呼び出しがつづきました。11月、とうとうフランスカトリック教会が調査の必要を認め、高位聖職者による尋問が開始されます。これらすべてのことは喘息のベルナデッタを疲弊させていました。彼女は聖女のように扱われることをひどく嫌い、泉の奇跡についても「私には分かりません」と無関心でした。

　人々の熱狂の中で、ベルナデッタは学校へ通いはじめます。学校こそは、周囲の喧騒から逃れられる唯一の場所だったのです。キリスト教の教えを学び、念願の「初聖体」を受けられたこと、また、村の神父の援助により、父が再び粉挽きの仕事に戻ることができたのは良い出来事でした。とはいえ、相変わらず両親はあまりに善良で、訪問客をもてなし、製粉代金の支払いもお金ができた時で良いといい、暮らしはいっこうに上向かないままでした。

　翌年、ベルナデッタはルルドの北のはずれに建つホスピスで暮らすことになりました。「ヌヴェール愛徳修道会」が経営するこのホスピスは、修道院と学校、そして小さな聖堂を備えた囲われた空間です。ひっきりなしにやって来る訪問者からベルナデッタを守るため、村の有力者たちがはからってくれたのです。

　16歳になって、学校の寄宿生になったベルナデッタは、1年後にようやく読み書きができるようになりつつありました。遅くから学びはじめたためか、学ぶこと自体が容易ではなく「本を丸ごと頭に入れられたらなぁ」とつぶやく日もありました。

　こんな風に友人たちを笑わせるのが好きで、ベルナデッタが居る場所にはいつも楽しい空気が満ちていました。きっぱりとした芯の強さ、決して理性を失わない平静さを合わせもったことを除くと、フランスの田舎のどこにでもいる純朴な少女でした。しかし、彼女の名はいよいよ栄光の輪に包まれつつあったのです。1862年4年にわたる調査が終わり、フランスカトリック教会は、正式にルルドでの聖母マリアの出現を宣言しました。

上左／1859年、一家をカショーから救うために、司教から与えられた「ラカデの水車小屋」。父フランソワは粉挽き職人の仕事に戻り、ようやくもとの生活を取り戻すことができました。 上右／6年間、ベルナデッタが暮らしたホスピス。週末には水車小屋に戻り、愛する家族の顔を見ることを楽しみにしていました。 下左／ホスピスに隣接する聖堂の壁に置かれたマリア像。ベルナデッタは、当時この聖母像の前で祈りを捧げていました。聖堂はリフォームされていますが、この聖母像は当時のままここにあります。 下右／ホスピスと同じ建物にある学校で勉強をしたベルナデッタのノートには祈りの言葉、書き取りや計算などがあり、ところどころに間違ったスペルも……。16歳でまだ読み書きができなかったベルナデッタですが、1年後には皆に追いついたといいます。

シスターへの道のり

[1863年]

　その頃、ベルナデッタには、数々の修道会から誘いが舞い込んでいました。"聖母を見た少女"としてフランス全土に名の知れ渡ったベルナデッタを迎え入れたいと思う修道会も多かったのです。
　しかし、ベルナデッタは悩みの中にいました。シスターになりたいと望んではいるものの、実現できるのか疑問に思うことがいくつかあったからです。
　当時、修道院に入るためには持参金が必要とされていました。
　しかし、スビルー家にそんな財産などないこともよく分かっていたのです。
「持参金がなくとも、修道会があなたが本当に神に呼ばれている人だと認めれば、迎え入れることはできますよ」。1863年の秋、修道院に滞在していたフォルカード司教がそう教えてくれました。「でも司教様、それは頭が良く、手先が器用で役に立つ人のことでしょう？　私は何も知らないし、何もできないのです」。ベルナデッタは寂しげに、そう答えたといいます。「でも、お前は今朝、にんじんの皮をむいていたではないか。お前にもきっとできることはあるはずだよ」と、司教は言いました。
　ベルナデッタは微笑み、その言葉を思い巡らせました。
「もう少し考えてみます」。ベルナデッタは司教に答えました。
「けれども、私はまだ決心しておりません」

ベルナデッタが、祈りの際に使った右の写真の祈禱椅子は、今もホスピスの展示場内に残されています。

ひざまずいて、祈るベルナデッタ。ベルナデッタが祈りを捧げる姿は、周囲の人々の心を強く揺さぶりました。ゆっくりと、丁寧に十字を切り、神に祈りを捧げる姿は、潜心していて、洞窟で人々が見たベルナデッタと変わらぬほどでした。

© Sœurs de la Charité de Nevers - Archives de Saint-Gildard, 3S

ベルナデッタの召命

[1864年]

　年が明け、ベルナデッタは20歳を迎えていました。冬の間を病気がちに過ごし、ようやく体調を取り戻した3月の終わり、呼ばれて司祭館へ出かけて行くと、そこには大理石に彫られた美しい聖母像が立っていました。これは、高名な彫刻家に依頼して神父がつくらせたもので、現在にいたるまで洞窟のあのくぼみに置かれています。

　けれど、美しいこのご像は、ベルナデッタにとってはずいぶんと不満足なものでした。ベルナデッタが出会った聖母マリアは、単純そのものであり、真っすぐに立っておられた。少女のようであり、背も小さかったこと、顔は天に向けられていなかったことも事実とは異なっていました。それでも、ご像はそのまま洞窟に置かれ、1864年4月4日、盛大に除幕式が開かれました。

　その日、時を同じにして、ベルナデッタはホスピスの聖堂でいつもと変わらずミサにあずかっていました。ご聖体を拝領して召命の光を受けたのでしょうか、その時、悩みの中にあった心は定まったのです。ミサが終わると修道院長に近づき、こう告げました。
「院長様、私は今になってやっと、どの修道会に入るべきか分かりました。それは、院長様と同じところです」
　……こうして、新たな人生をベルナデッタは歩みはじめたのです。

左／1861年頃、神父の依頼を受け、洞窟で聖母に出会った時の様子を再現した写真。ベルナデッタは、世界で初めて写真に収められた聖人となりました。
右ページ／ご出現の場所に今も置かれている「ルルドの聖母像」。作者はジョセフ・ファビッシュという彫刻家。
© Sœurs de la Charité de Nevers - Archives de Saint-Gildard, 3S

さようなら、ルルド
［1864年－1866年］

　ベルナデッタの入会の希望は、その年、1864年の秋の終わり、正式にヌヴェール愛徳修道会に認められました。修道女になるためには、志願期、修練期、合わせて2年ほどの期間を過ごし、共同生活やキリスト教の教義について学ぶことが義務づけられています。ベルナデッタもすぐ志願期に入るはずでしたが、喘息の発作に苦しみ、ようやく年が明けた2月から志願期をはじめました。そして1年が過ぎた春、修道会本部があるヌヴェールへ移り、修練期を過ごすはずでした。

　けれどその望みは、しばらくの間待機を命じられました。ご出現の折に聖母から伝言された聖堂の建設が、今まさに完成の時を迎えようとしており、その落成式への出席が望まれたのです。

　1866年5月19日聖霊降臨祭の日、聖堂の落成式が行われ、同じ日に最初の行列が町をねり歩きました。数千人の人々の中に、目立たない服を着て群衆に紛れ、ベルナデッタもともに歩いていました。聖母から託されたふたつの願いがついに成就した瞬間を、その目に焼きつけたのです。

　いよいよルルドを発ち、ヌヴェールへと向かう日が近づいていました。

　7月2日、ベルナデッタは洞窟を訪れ、最後の祈りを捧げました。ひとたび修道院に入れば自由な行動は許されず、おそらく二度とここを訪れることは叶わないのです。けれど涙を見せることなく「洞窟、そこは私の天国でした」と呼んだ場所を去ったのです。

　4日、出発の日の朝、ベルナデッタはルルドの駅に立っていました。

　持ち物はただひとつの麻袋と傘のみ。涙ぐむ家族に送られ汽車に乗り込みながら「まあ、泣くのは困ったことね。私はいつまでもこっちにいるわけにはいかないのよ」と微笑んだ時、その心はもう神の望みを歩きはじめていたのでした。

右ページ上／洞窟、「無原罪の御宿り大聖堂（上部聖堂）」、ガブ川。ルルドはフランス第1の巡礼地です。　下左／聖母から依頼され最初に建てられた聖堂（クリプト）。1866年の聖霊降臨祭の日、落成式に出席した後、ベルナデッタはヌヴェールへと向かいました。下右／無原罪の御宿り大聖堂は1876年に完成。洞窟のすぐ上に建てられ、700人を収容でき、数多くの巡礼者を迎えています。

Lourdes
ルルド

貧困の聖女・ベルナデッタが暮らした街

| Sanctuaires
聖域 | ## マッサビエルの洞窟、泉
Grotte miraculeuse, Piscine et Source |

少女ベルナデッタが聖母と出会った場所

1858年、ベルナデッタの前に聖母マリアが現れたのがこの洞窟です。以来、世界中から巡礼者たちがここを訪れています。P.45のタイルは、ベルナデッタが最初の聖母ご出現の時に祈っていた場所を示すもの。聖母の依頼を受けてベルナデッタが地面を掘ると、水が湧き出てきたという泉は、洞窟の左手奥にあります。泉は今も湧きつづけ、その周りではたくさんの人が熱心に祈りを捧げています。この泉の水は、水くみ場の水道からくみ、ボトルに詰めて持ち帰ることができます。洞窟の右手にあるマリア像は、1864年に制作されたものです。ベルナデッタは、この聖母像は自分が出会った聖母とは似ていないと語りました。

上／洞窟には、世界中から多くの人々が集い、絶え間ない祈りが聖母マリアに捧げられています。
下／泉の周りには、病気が癒された人、病気の治癒を願う人からの手紙や花束が置かれています。

地下聖堂
Crypte

最初に建てられた聖堂
ベルナデッタが聖母の依頼を受け、最初に建てられたのがこの地下聖堂（実際は地下ではありません）です。1866年に完成し、ベルナデッタの父も工夫として働き、ベルナデッタ自身も献堂式に参加しました。

写真下の入口が地下聖堂につづきます。

無原罪の御宿り大聖堂（上部聖堂）
Basilique de l'Immaculée Conception

洞窟の上、高さ70メートルの鐘楼が目印
聖母のご出現があった洞窟の真上に建てられ、「上部聖堂」とも呼ばれています。竣工は1866年、1876年に完成したゴシック様式の建物です。ご出現の場面を描いたステンドグラス（P.31）はここにあります。入口の肖像画のピオ9世は、1854年に「無原罪の御宿りの教義」（P.19～20参照）を宣言した方です。

ドーム屋根の奥のスペースは、ロザリオ広場と呼ばれています。

ロザリオ大聖堂
Basilique Notre-Dame-du-Rosaire

モザイクが美しい丸天井
洞窟上の無原罪の御宿り大聖堂の台座をなし、ふたつの聖堂を上から見ると十字架の形になっている、ビザンチン様式の建物です。聖堂の丸天井には聖母が描かれ、それを囲む袖廊とファサードにも、ロザリオの玄義（喜び、苦しみ、栄え、光）のモザイク画が描かれています。

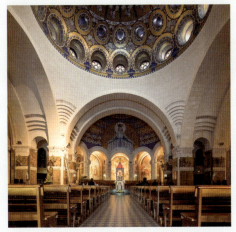

1883年に竣工し、1901年に献堂式が行われました。

山道の十字架の道行き
Chemin de Croix des Espélugues

イエスの受難を辿る"十字架の道行き"

イエス・キリストが死刑の宣告を受けてから十字架上で亡くなり、復活するまでを、15の場面（これを"留"と言います）に分けて絵画や彫刻などで描き、それを辿ることでイエスの受難を黙想し、祈るのが"十字架の道行き"です。ルルドでは彫刻が山道に置かれており、一つひとつを歩いて巡りながら祈りを捧げます。

15の留を巡りながら、イエス・キリストの受難と復活を思いおこす、全長1.5キロの山道。祈りながら登ると、1時間ほど。

ガブ川沿いの十字架の道行き
Chemin de Croix

ひっそりとした十字架の道行き

洞窟を背に、ガブ川のほとりを上流へ歩くと静かな"十字架の道行き"があります。ここはかつて車椅子や高齢者向けにつくられましたが、現在は新しいものがこの奥に出来たため、人も少なく静かです。「ルルド」という地名は、「生ける水、流れる水」を意味するこの地方の言葉に由来しています。まさに"生ける水"がここを流れているのです。

ベンチに腰かけて、川のせせらぎと木々が風に揺れる音を聴きながら、イエスの受難と復活を思い巡らせました。今はあまり使われていないこの場所ですが、ガブ川沿いに、病者のための十字架の道行きの朽ちた石碑が置かれています。

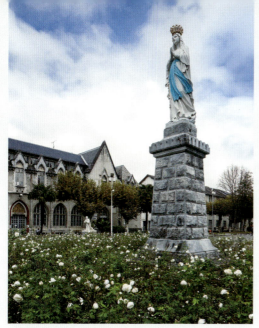

冠の聖母
Vierge Couronnée

聖域のランドマーク

聖ミシェル門を背に、聖域の中央に大聖堂と向かい合うように建っているこのマリア像は、1877年に完成しました。集合場所にしたり、記念撮影をする人がいたり、ルルド聖域のランドマークにもなっています。

冠の聖母像の下は白薔薇で埋めつくされていました。巡礼者が手向ける花も聖母を讃えています。

ベルナデッタ博物館
Musée Sainte-Bernadette

聖ミシェル門を背に左手にあり、ベルナデッタや関わりのあった人々のポートレイト、ご出現当時のルルドの村の模型、ご出現についての新聞記事のコピーなどが展示されています。4月から10月末（その年によって異なる）まで、9:00-12:00、14:00-19:00開館。入場は無料です。

インフォメーションセンター
Centre d'information des Sanctuaires

ミサの情報をはじめ、聖域内のすべての情報をここで得ることができます。頼めばベルナデッタに関する日本語ビデオを上映してもらうことも可能です。車椅子の貸し出しもあります。
開館時間　8:30-12:15、13:45-18:30

ルルド聖域
開門時間　5:00-24:00
住所　1 Avenue Mgr Théas, 65108 Lourdes
電話　05 62 42 20 08　（インフォメーションセンター）
URL　https://www.lourdes-france.org/

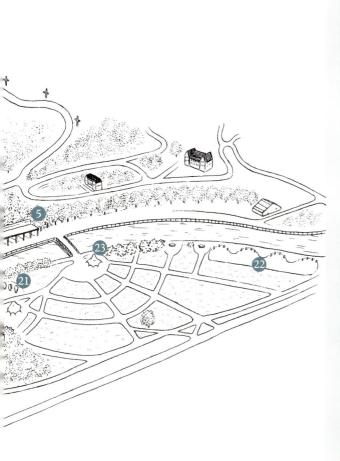

Sanctuaire de Lourdes
ルルド 聖域

① 無原罪の御宿り大聖堂（上部聖堂） P.63
② 地下聖堂（クリプト） P.63
③ ロザリオ大聖堂 P.63
④ 洞窟（グロット）、泉 P.62
⑤ 沐浴場 P.52
⑥ 水くみ場 P.53
⑦ 聖ベルナデッタ教会
⑧ 冠の聖母 P.65
⑨ 聖ピオ10世地下大聖堂
⑩ インフォメーションセンター P.65
⑪ 講演会場・巡礼休憩所
⑫ 売店
⑬ ベルナデッタ博物館 P.65
⑭ マリー・サン・フレ施療院
⑮ シネマ
⑯ カトリック救援事務所
⑰ 山道の十字架の道行き P.64
⑱ 聖ベルナデッタ祭壇
⑲ ロランス館
⑳ 宝物館
㉑ ガブ川沿いの十字架の道行き P.64
㉒ 病者のための十字架の道行き
㉓ 礼拝のテント
㉔ ノートルダム宿泊施設
㉕ 聖ヨセフ門
㉖ 聖ミシェル門
㉗ 聖ミシェル橋
㉘ ガブ川

| Lieu mémorable |
| ゆかりの地 |

ボリーの水車小屋
Moulin de Boly

ベルナデッタの生家

ベルナデッタが生まれ、10年間を過ごした水車小屋です。1階には当時の面影を残す古い水車とキッチンが、2階にはリビング、ベルナデッタが生まれた部屋があり、彼女が使っていたベッドも再現されています。決して豪華ではありませんが、素朴で温もりを感じるこの家で、ベルナデッタは家族や隣人の愛に包まれて育ったのだと感じられます。

ベルナデッタが生まれた部屋。当時に近いかたちで復元されています。

開館時間　1月-3月／15:00-17:00
4月-10月末／9:00-12:00、14:00-18:30　10月末-12月／15:00-17:00
住所　12 Rue Bernadette Soubirous, 65100 Lourdes
電話　05 62 42 16 36
地図　P.78

カショー（牢獄跡）
Cachot

家族がもっとも苦しい時期に暮らした家

狭い路地沿いにベルナデッタの一家が暮らした牢屋跡、カショーがあります。薄暗くかび臭い16㎡ほどの狭い部屋で、家族6人が約1年間暮らしていました。今では整備されていますが、このわずかなスペースだけで家族が暮らしていたことを思うと、胸が痛みます。そして、この場所からベルナデッタは聖母マリアのもとに向かったのです。

上／見落としてしまいそうなカショーの入口。
下／ベルナデッタが履いていた粗末な木靴やロザリオも展示されています。

開館時間
1月-3月／15:00-17:00
4月-10月末／9:00-12:00 14:00-18:30
10月末-12月／15:00-17:00
住所　15 Rue des Petits Fossés, 65100 Lourdes
電話　05 62 94 51 30
地図　P.78

69

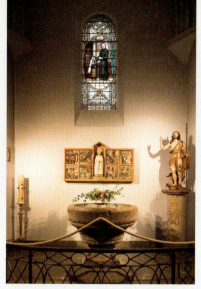

サクレ・クール教会
Église Paroissiale du Sacré-Cœur

ベルナデッタが洗礼を受けた教会
カショーから歩いてすぐ。1905年に火災にあい、建物は再建されていますが、マリア像と洗礼者ヨハネ像、洗礼盤は当時のまま残されています。1844年にベルナデッタがここで洗礼を受けた際の証明書も展示され、聖母のご出現を初めて認めた、ペイラマル神父はここの地下に眠っています。

ベルナデッタが洗礼を受けた時に使用された洗礼盤の上には、ご出現のマリア像とベルナデッタの生涯が描かれた板絵が置かれています。

開館時間　9:00-12:00、14:00-19:00
住所　Place de l'Église, 65100 Lourdes
電話　05 62 94 04 06
地図　P.79

ベルナデッタの両親の家
Maison Paternelle de Bernadette

カショー住まいの一家を救った家
ご出現後、ペイラマル神父の配慮により、ベルナデッタの両親に与えられた家。広くはありませんが、家族は劣悪な環境のカショーでの生活を免れられました。ボリーの水車小屋からすぐのところにあり、資料館と売店が隣接しています。

ホスピス
Hospice

人々の目を逃れて暮らした場所
ベルナデッタは、修道院に入るまでこのホスピス（P.55）で生活をし、読み書きをならいました。建物内の小さな聖堂の隣には展示場があり、ベルナデッタの生涯を紹介する写真や遺品が陳列されています。P.56で紹介した祈禱椅子も展示されています。

ルルドを発つ前、この家の台所でベルナデッタは家族に別れを告げました。

ホスピスの廊下。現在は総合病院の一角にあります。

開館時間　3月-10月末／9:30-12:15、14:15-18:00
住所　2 Rue Bernadette Soubirous, 65100 Lourdes
電話　05 62 94 22 51
地図　P.78

開館時間　4月-10月末／10:00-12:00、14:00-17:30
10月末-3月／15:00-17:00
住所　2 Avenue Alexandre Marqui, 65100 Lourdes
電話　05 62 42 40 98　地図　P.78

Ma recommandation
あわせて訪ねたい
しょうこのおすすめ

小さなルルドの町は、聖域の外も歩いて見て回れます。
素敵なショップも多いので、是非、町歩きを楽しんでください。

Boutique ショップ

アルティザナ デ モナステール ド ベトレーム
Artisanats des Monastères de Bethléem

修道会が経営する
シックなお店

木彫りのホーリーグッズや革製品、他のお店にはない素敵なメダイなど、クオリティーの高いものが多く、個人的にも欲しいものがたくさん見つかったおすすめのお店です。修道士さんが働いているのか、店内は静かな雰囲気でゆっくりとショッピングを楽しめます。

1階はオリジナルのメダイや革製品などの小物が中心。地下と2階もあり、地下には大きな木彫りのプレゼピオやご像が陳列されています。きっと、教会などに置かれるのでしょう。

営業時間　9:00-20:00（10月からのローシーズンを除く）
定休日　日曜
住所　87 Boulevard de la Grotte, 65100 Lourdes
電話　05 62 94 21 35
URL　www.bethleem.org
地図　P.78

Boutique ショップ

プロデュイ モナスティック（ル バスタン）
Produits Monastiques (Le bastan)

修道院プロダクツの食品、雑貨類を扱うショップ

チョコレート、ビスケット、ジャム、チーズなど、各国から届いた修道院プロダクツを扱っています。食料品以外にも、石鹸やアロマ関連のものも豊富です。

営業時間　8:00-19:30（1月は休業）　定休日　なし
住所　28 Avenue Bernadette Soubirous, 65100 Lourdes
電話　05 62 94 82 12
URL　https://www.produitsmonastiques.com
地図　P.78

| Boutique |
| ショップ |

ラ メゾン デュ シャプレ
La Maison du Chapelet

日本びいきのオーナーが経営するお店

店内には釜があり、オーナー自らが焼いた陶器のベルナデッタの人形などが並んでいます。日本に住んでいたこともあるそうで、日本語が通じるのも嬉しい。

営業時間
土曜／ 10:00-12:30、14:00-19:00
日曜／ 10:00-12:30、14:00-18:00
住所　1 Rue des petits fossés, 65100 Lourdes
電話　06 86 80 01 97
URL　http://made-in-lourdes.fr/
地図　P.78

上／シックでお洒落な外観。土日しかオープンしていないのでご注意を。　下／オーナー手づくりのベルナデッタの陶器の人形。

| Boutique |
| ショップ |

ミシェル フィネ
Michel Finet

聖職者向け用品のショップですが立ち寄る価値あり

聖職者用の祭服やミサの道具を扱っているお店で、金や銀の上質なメダイも豊富。安価なアンティークレプリカカードなどもあります。

営業時間　9:00-19:00　日曜／ 10:00-19:00
定休日　なし
住所　5 Avenue Mgr Schoepfer BP 137, 65104 Lourdes
電話　05 62 94 09 55
URL　http://www.michel-finet.com/
地図　P.78

写真のカードや冊子などの紙製品、ピンバッチなどの小物類がおすすめです。

| Restaurant レストラン | ル・パルク
Le Parc |

ヨーロピアンスタイルの小粋な一軒

お昼のセットメニューは15€〜、コースは30€〜と値段はちょっと高めですが、新鮮な良い食材を使ったメニューがたくさんあります。ルルド駅からも近く、分かりやすい場所で、スタッフはみな英語が通じ、親切なのも嬉しい。外のテラス席ではお茶がいただけ、カフェタイムにも最適です。

上／店内は清潔、ヨーロピアンスタイルのレストラン。 下／ローズマリーが添えられたチキンのクリームソースがけ。野菜も新鮮で、1人分が大きなお皿に盛られてきます。

営業時間　12:00-14:00、19:00-22:00
定休日　なし
住所　16 Avenue de la Gare, 65100 Lourdes
電話　05 62 94 73 48
URL　http://www.restaurantleparclourdes.com/
地図　P.79

| Restaurant レストラン | オ・ピーマン・ルージュ
O Piment Rouge |

ソーセージと豆のトマトソースの煮込みは、ボリュームたっぷり。

バスク地方の伝統料理がいただける

ピレネー山脈を挟んで、スペインとフランスの両方にまたがるバスク地方の郷土料理がいただけます。店内は活気に満ちていて明るく、スタッフも親切。この地方の料理は唐辛子を使うことが特徴で、店名も「赤唐辛子」。赤いテントにも赤唐辛子のマークがついています。

営業時間　12:00-13:45、19:00-21:30
定休日　11月-3月／火・水・木曜、4月-10月／火曜夜・水曜、1月半ば-2月上旬／冬季休業
住所　37 Rue de la Grotte, 65100 Lourdes
電話　05 62 41 47 57
URL　https://www.restaurant-piment-rouge.com/
地図　P.78

エレアノール
Eleanor Restaurant Salon de Thé

歩き疲れた時にホッと一息

聖ミシェル門の近く、ショップ「ベトレーム」の少し先にある紅茶専門店です。ポットで出てくる紅茶の種類は豊富で、私はブルーベリーのケーキとアールグレイをいただきました。どことなくイギリス風で、店内にはアンティークの雑貨が飾られています。

営業時間　9:00-20:00　定休日　なし
住所　60 Boulevard de la Grotte, 65100 Lourdes
電話　06 38 36 64 45
URL　https://www.facebook.com/pg/EleanorRestaurantLourdes/
地図　P.78

イギリス風な外観のサロン ド・テ。ポットにたっぷりな紅茶で、ちょっとひと息、癒しの時間をもちましょう……。

エルミタージュ
Restaurant l'Ermitage

聖域にほど近いところにあるレストラン

旅行中はどうしても野菜が不足がちに。そんな時におすすめのレストランです。ケースの中のサラダは種類が豊富で、好きなだけお皿に盛りつけることができます。お店の前に出ている青いテント屋根が目印。

営業時間　4月-10月／8:00-19:00　定休日　なし
住所　97 Boulevard Rémi Sempé, 65100 Lourdes
電話　05 62 94 08 42
地図　P.78

写真はサーモンのクリームソースがけとライス。サラダはひと皿に好きなだけ盛りつけられます。

| Hébergement 宿泊 |

フォワイエ ファミリアル
Foyer Familial Soeurs Dominicaines de la Présentation

心温まる修道院の宿

ルルド駅の近くにある、ドミニコ会女子修道院が運営する宿。シスター方はとても親切に対応してくださり、食事も美味しい。チャペルがあるのでいつでも静かに祈ることができるのは修道院の宿ならでは。部屋は6畳ほどでコンパクトですが、綺麗にリノベーションされていて、簡素ながら、可愛らしいインテリアでまとめられています。

ふたつの建物からなり、うちひとつにはエレベーターもついています。写真は宿の中にあるチャペルの様子。

下左／玄関を入ると、ベルナデッタ像が飾られていました。　下右／夕食はシスターがサーブしてくださいます。この日のメニューはトマトの中に入ったハンバーグにパンプキンスープ。たまたま相席となる各国からの巡礼者たちとの会話も楽しいものです。基本は1泊2食付きですが、3食付きにすることも可能です。

コンパクトな部屋にデスク、ベッド、クローゼット、シャワーとドアのついていないトイレがあります。ベッドの上には十字架があり、あたたかく安心感があります。

住所　2 Avenue Saint-Joseph, 65100 Lourdes
電話　05 62 94 07 51
メール　dominicaines@wanadoo.fr
URL
http://www.dominicaines-lourdes.com/
宿泊料金
予約時に施設にお問い合わせください
地図　P.79

聖母被昇天修道会の宿泊施設
Assomption Lourdes Centre spirituel d'accueil et de formation

アンティークな雰囲気が漂う修道院の宿

ガブ川を挟んで聖域の対岸にある宿。洞窟までは歩いて15分とやや遠いのですが、その分とても静かです。部屋の窓からは洞窟のロウソク行列が見え、「あめのきさき」の歌声も聴こえてきます。部屋にバスタブはなく、基本シャワーのみ。

上／観音開きの窓からは、洞窟のロウソク行列が臨め、聖域内とは趣の異なる光景を見ることができます。　下左／ラザニアなど、食事はシンプル。

住所　21 Avenue Antoine Béguère, 65100 Lourdes
電話　05 62 94 39 81
メール　reservation@assomption-lourdes.com
宿泊料金
シングル　37.5€（2食付き）、41.5€（3食付き）
ダブル（1名につき　36.5€（2食付き）、40€（3食付き）
地図　P.78

スール ドゥ ラムール ドゥ デュー
Soeurs de l'Amour de Dieu

サクレ・クール教会近くの宿

洞窟からは歩いて15分ほどのところにある宿。部屋は簡素ですが、窓からはベルナデッタが洗礼を受けたサクレ・クール教会が望めます。館内にはチャペルもあり、ひとり静かに祈ることができます。シスターも優しく接してくださるので、旅の疲れも癒やされます。

住所　17 Rue de Bagnères, 65100 Lourdes
電話　05 62 94 38 83
メール　usera.lourdes@wanadoo.fr
URL　http://amordedios-lourdes.blogspot.jp
宿泊料金　シングル　37€（2食付き）、42€（3食付き）
ダブル（1名につき）　32€（2食付き）、37€（3食付き）
地図　P.79

一見、宿泊施設だとは分からないシンプルな外観です。

Bartrès
バルトレス

少女・ベルナデッタが過ごしたのどかな村

Lieu mémorable
ゆかりの地

聖ベルナデッタの記念チャペル
羊飼いの小屋
Bergerie de Sainte Bernadette

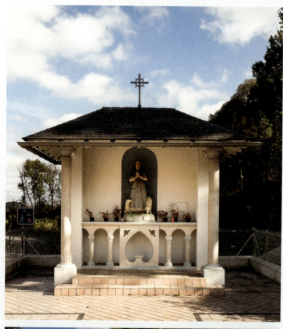

ベルナデッタの息遣いが聴こえてくるよう

ベルナデッタが少女時代の一時期を過ごしたバルトレス村には、ベルナデッタが預けられていた乳母の家や羊の世話をしていた小屋が残っています。聖ベルナデッタの記念チャペルには、羊番をしながら手にはロザリオをかけて祈るベルナデッタ像が置かれています。この小さなチャペルを目印に、山道を登っていくとベルナデッタが羊番をしていた羊小屋があります。当時のまま保たれているので必見です（地図P.79）。

ルルドから約4キロ離れたところにあるバルトレス村。離れて暮らす我が子に会いに、父フランソワはたびたびバルトレスを訪れたといいます。働くことは苦にならないベルナデッタでしたが、初聖体準備の勉強をさせてもらう約束が果たされなかったことはつらかったようです。

洗礼者ヨハネの教会
Église Saint-Jean-Baptiste

ミサにあずかった大切な場所

洗礼者ヨハネに捧げられたこの教会は、ベルナデッタが足繁く通って祈りを捧げていた場所です。ベルナデッタの聖遺物が香部屋にしまわれているので、シスターがいらっしゃれば見せていただくこともできます。教会の庭には、乳母ラギューの墓があります。

上／村の中心に建つ教会には、ベルナデッタ像も飾られています。建物も当時をしのばせる趣のある佇まいです。　下／ベルナデッタがフランス語のアルファベットを練習していたときの手書きの文字。

開館時間　5:00-24:00
住所　65100 Bartrès
地図　P.79

Ma recommandation
あわせて訪ねたい
しょうこのおすすめ

Restaurant
レストラン

オーボンアクイユ
Au Bon Accueil

村のレストランでいただく絶品フレンチ

洗礼者ヨハネ教会の斜向いにポツンと佇むレストラン。ルルドをふくめて今回の旅で一押しのフレンチでした！ スタッフのサービスも良く、何を食べてもとても美味しい。2階は宿泊も可能なようなので、いつか泊まってみたいと感じたお店でした。

営業時間　木・金曜／17:30-23:00　土曜／9:00-23:00　日曜／14:00-23:00
定休日　月・火・水曜
住所　5 Rue de l'Église, 65100 Bartrès　電話　05 62 94 01 67
URL
https://www.facebook.com/Au-Bon-Accueil-Restaurant-Bartres-172778136083592/
地図　P.79

上／前菜はフォアグラと新鮮な野菜のオードブル、メインは鴨のオレンジソースがけにポテトとトマトが添えられたもの。デザートはケーキとアイスクリームでした。

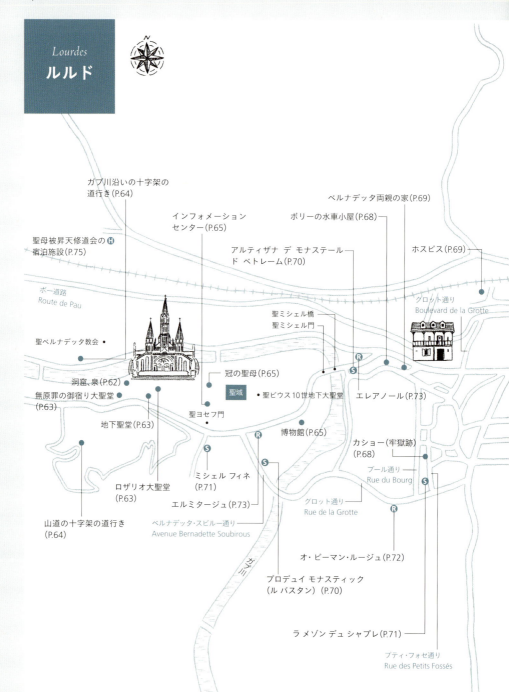

ルルド&バルトレス　町歩きガイド

ルルドの巡礼シーズンは5〜9月。ロウソク行列も10月末まで。聖域の門は通年を通して開いていますが、11月〜3月のローシーズンはホテルやお土産物屋店もクローズしますので、旅程を立てるときにはご注意ください。町は大きくないので1日あればぐるっと歩いて回ることができます。細い路地がたくさんありますが、巡礼者が多い土地柄、随所に案内表示があるので迷う心配もないでしょう。

バルトレスはルルドから約4キロメートルのところにあります。ベルナデッタが実際に歩いていた道を辿ることもできるので、足を伸ばしてみるのもおすすめです。

ヌヴェール愛徳修道会へ

［1866年7月−10月］

「私は、隠れるためにここに来ました」

ここ、ヌヴェール愛徳修道会の本部、「サン・ジルダール修道院」は、中世の聖堂や城が点在するフランス、ブルゴーニュ地方の静かな田舎街のヌヴェールにあります。

"聖母を見た少女"として、好奇の目にさらされることなく、イエスの後に従って生きることを望むようになったベルナデッタに、ふさわしい環境でした。

ヌヴェール愛徳修道会は17世紀、ドゥラヴェンヌ神父によって創立されました。彼は「愛以外のいかなることにも、決してかかわってはなりません。不幸な人々以外のことに、決して関心をもってはなりません」と、常に社会の中でもっとも弱く貧しい人々に目を向け、その人たちに奉仕することこそがキリストの愛の実践であると説いた人でした。貧困家庭で育ったベルナデッタがこの修道会に導かれたのは、神のはからいによるものでしょうか……。

正門をくぐると、正面の修道院の壁に「神は愛です」のレリーフが見えて来ます。7月7日、修道院に到着した日、ベルナデッタは、この言葉をかみしめていたことでしょう。

次の日、ベルナデッタはあえて修道服に着替えず、私服のまま集会室で洞窟の出来事について話すよう命じられました。静かに耳を傾ける300人余りのシスターたち。これからはじまる沈黙生活の前に、すべてを明らかにすることで、これまでの人生に区切りをつけること。それは長上たちの配慮によるものでした。

7月29日、着衣式が行われ、修練期の黒いベール、そして待ち望んでいた修道名が与えられました。新しい名は、シスター・マリー・ベルナール。

ベルナデッタは聖母マリアの子であり、イエスのフィアンセとなったのです。

しかし、この道はすぐに病にはばまれてしまいます。着衣式のわずか半月後、激しい喘息の発作が小さな体を蝕みはじめたのです。病状は急激に悪化し、10月25日、医師は臨終も間もないと告げました。司祭が病室を訪れて死にゆく者への"病者の塗油の秘跡"が授けられ、誰もが永遠の別れを覚悟しました。

けれど、苦しみは弱まり、思いがけずベルナデッタは回復していったのでした。

中庭から臨んだ、サン・ジルダール修道院の建物。ベルナデッタが入会した当時、300人余りのシスターがここで暮らしていました。

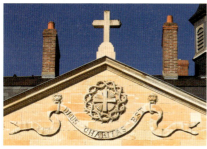

左／「神は愛です」の聖句を刻んだレリーフ。
右／正門から修道院の正面を臨んで。ルルドからここに到着した日、ベルナデッタもこれと同じ風景を見たのでした。

イエスの花嫁

［1867年10月30日］

　翌年の1867年10月30日、病から癒えたベルナデッタは正式に誓願を立て、ヌヴェール愛徳修道会のシスターとして認められました。かつて、字を読むこともできず、羊の番をしながら素朴に神を慕いつづけていた少女は、ついにイエスの花嫁となったのです。

　ただ、その道のりは、すべてが望み通りに進んだわけではありません。

　修道会では、新たにシスターとなった娘たちに任命書を渡し、フランス各地に派遣して、様々な奉仕活動に従事させますが、ベルナデッタにはこの任命書がありませんでした。やはり聖母を見た娘が来たとなれば、どこでも必ず騒動が起こるだろう。そう判断されたのです。

　ベルナデッタにとっては不本意であっても、この現実を配慮した結果、本部にとどまることが命じられ、修道院内部での掃除や雑用、病室で看護助手をするように言われたのです。しかし、このような中途半端な扱いはベルナデッタの心を傷つけました。

　それでもベルナデッタは翌日から与えられた役目を従順に務めます。

　神にすべてを委ねて歩むこと。ベルナデッタは、"貧しい人々の内におられるイエス"への愛を生きるため、自身を捧げ尽くしてゆくのです……。

左／修道院の売店内に飾られていた、ベルナデッタの肖像画。右ページ／誓願式を終え、正式にシスターとなったベルナデッタ。ヌヴェール愛徳修道会の黒いヴェールをかぶり、誓願を終えた者に与えられる十字架を手にして。

© Sœurs de la Charité de Nevers - Archives de Saint-Gildard, 3S

苦しむ人のかたわらにいること

［1867年］

「シスター・マリー・ベルナールは、看護の職務を完全に果たすことのできる人である。敏速になすべきことを理解し、医師の指示を忘れず、確実に守っている」。看護助手として働きはじめたベルナデッタについて、修道院の往診医師はそう書き記しています。彼女が使用した看護ノートも残されていますが、薬の測定法や薬効がびっしりと書き込まれ、彼女がいかに真剣にこの仕事に取り組んでいたかを見てとることができます。

看護の仕事はベルナデッタの天職でした。病室には、病を患ったシスターが送られてきますが、ベッドの上で打ち明けられる心の悩みに親身に耳を傾け、医師の言いつけを守らない者には時に厳しく、時にユーモアをもって注意を与えました。彼女がひとこと言えば、全員が素直に従ってしまう。人の心を見抜き、的確な言葉を投げかける洞察力を、ベルナデッタは備えていたのです。

そんな病室に、ある時とても重い病状にある患者が送られて来ました。傷口が手の施しようもなく化膿し、蛆虫が涌いているのです。当時ベルナデッタの助手についたばかりの若いシスターには、とても正視することができなかったその傷口の蛆虫を、ベルナデッタは一つひとつ取り除き、丁寧に包帯を巻いていきました。そして、「あなたは愛徳のシスターとして恥ずかしくないのですか」と、この若い助手を厳しく叱りました。

「病人の世話については、貧しい人の中にキリストを見ることを忘れず、汚ければ汚いほど、その人を愛さなければなりません」「世話をする時は、お礼を言われないうちに帰って来るようにしなさい。お世話をできる名誉を与えられただけで、十分な報いなのですから」……ベルナデッタは看護についてそう語りました。

キリスト教は愛の宗教です。キリストが、十字架にかけられることで地上の人々の罪をあがなったように、この地上で見捨てられた貧しい人々を愛し、寄り添うことで、ベルナデッタは"聖母を見た人"から、"キリストの愛を実践した人"となったのです。

修道院の廊下から臨む中庭。看護助手としてかいがいしく働きながら、ベルナデッタも毎日この風景を目にしていたことでしょう。

水の聖母

　修道院の庭の小路を辿って行くと、蔦と花に囲まれた小さな聖母像に出会います。ここは、ベルナデッタが修道院の中でもっとも愛した場所。しばしばひとり訪れ、心の苦しみを打ち明け、祈りを捧げていました。ベルナデッタはこの「水の聖母」に、ルルドで出会った聖母マリアに似た美しさを感じていました。

　この頃、ベルナデッタは多くの苦しみに耐えなければなりませんでした。

　そのひとつは、数年おきに訪れる重い喘息の発作。洗面器いっぱいに血を吐き、死の淵をさまようことも幾度もありました。看護の仕事ができないこの期間は、病人への奉仕に信仰の証を見いだしていたベルナデッタにとって、肉体の痛みよりもさらに大きな苦しみと感じていたことでしょう。

　そしてもうひとつ、修道院長をはじめ、しばしば長上から強い辱めを受けたこともよく知られています。これは、傲慢の罪を防ぐためにあえて厳しく接するという指導方針で、ベルナデッタが特別な存在だったため、特に厳しい言葉が投げかけられていたようです。皆の前で「何もできない人」と名指されたこともあれば、誰もが認める有能な看護師だったベルナデッタではなく、若いシスターが病室の責任者に任命されたこともありました。しかし、これらの苦悩を、それでも神への従順として受け入れたベルナデッタのかたわらに、この聖母像はいつも寄り添っていたのです。

左／修道院の中庭にある、ルルドの洞窟を模した場所。　右／サン・ジルダール聖堂の前の庭にあるベルナデッタ像。

ルルドの洞窟で出会った聖母マリアに、一番似ているとベルナデッタが語った、水の聖母像。修道院の裏庭にある、まっすぐに立ったこの像は、両手を広げ、優しさに溢れ静かに微笑んでいます。

私の白い聖堂
[1875年－1878年]

1875年の春から、ベルナデッタの病状は、良い時と悪い時を繰り返しながら、徐々に悪化していきました。

長年苦しんできた喘息に加え、胃腸も患い、ごくわずかな食事しか受けつけなくなってしまったのです。手紙を書こうとしても手が震えてペンを持つことができず、もう、人に支えてもらわずには歩くことすら難しくなっていました。

それでもベルナデッタは、持ち前のウイットと奉仕の精神を忘れませんでした。

いくらかでも体調の良い日には、掃除まではじめ、慌ててほうきをとりあげようとしたシスターに「渡しませんよ。勝利か、死か！」と、戦場の兵士のように勇敢に言って笑わせたこともありました。

つらい状況にあっても、ユーモアを忘れず、周りの人々を明るく照らしたベルナデッタの病に侵された身体の内側に秘められた、強さと優しさを感じとることができます。

1877年の夏、一時的に体調を回復したものの、冬に入ると再び病室で過ごすことが多くなっていました。喘息の発作に加え、カリエスを発症して膝が大きく腫れ上がり、全身が病魔に蝕まれました。

それでも最後の力を振り絞って、1878年の9月、残りの人生のすべてを神に捧げるという"永久誓願"の誓いを立てました。

そして10月、とうとう新しい病室、「聖十字架病室」と呼ばれるところに移ることになりました。水車小屋、バルトレス、カショー、ホスピスを転々としたベルナデッタにとって、その部屋が最後の住まいとなったのです。

ベルナデッタは白いカーテンのかかる自分のベッドを、「私の白い聖堂」と美しい名で呼びました。もう、祈りを捧げること以外できることは何もなくなっていた彼女にとって、そこは文字通り聖堂となりました。

「祈ることが私の武器なのです」と、この頃ベルナデッタは見舞いに訪れたシスターにつぶやいています。

祈ることのできない人のために祈る……こうして最後の時を過ごしたこの病室は、今もほぼ当時のままに、聖堂として残されています。

上／聖十字架病室の現在の様子。暖炉の上には、ベルナデッタが見つめつづけていたマリア像が置かれ、今は聖堂として使われています。　右／当時の聖十字架病室。最後の半年、聖堂に行くことのできなかったベルナデッタは、白いカーテンで囲われたベッドを「私の白い聖堂」と呼びました。上の写真に見える、ミサで使うパン（ご聖体）をしまっておく聖櫃にかけられた白い布には、そのカーテンが使われています。

© Sœurs de la Charité de Nevers - Archives de Saint-Gildard, 3S

幸せの彼方へ……

［1879年4月16日］

　年が明け、ベルナデッタの地上での生命は、最後の時を迎えようとしていました。足は膿んでますますふくれ上がり、少しの動きにも耐えられず、夜中、痛みに思わず声を上げる……「私はあなたをこの世ではなく、別の世において幸せにすることを約束します」と、ルルドの聖母マリアから告げられたように、幼い頃からベルナデッタに貧困と病魔の試練をお与えになった神は、最後まで、それをおつづけになったのです。

　4月16日、とうとうその時が来ました。ベルナデッタは、暖炉の前の椅子に移されました。そしてずっと見つめていた十字架を手に取り、落とさぬよう紐で結びつけてもらいました。まるで、十字架に釘づけされたイエスに結ばれたかのように……そして彼女は言いました。「私のイエスよ、あなたを深く愛しています」。

　午後3時頃になると激しい苦しみに襲われるようになりました。ベルナデッタは天に目を上げ、腕を十字架のかたちに組み合わせ、突然「神さま！」と大きな声で叫びました。シスター方は驚きましたが、聖母マリアへの祈りをつづけ、ベルナデッタもその祈りに、か細く声を合わせます。その声もいつしか途絶え、シスター方の見守る中で、ベルナデッタは静かに息を引き取ったのです。

　「私は一粒の麦のように、挽き砕かれるのです」と、聖母マリアに抱かれて幸せの彼方へと旅立ったのです。

左／修道院の中庭からつづく広い裏庭の中央に、真っすぐな美しい並木道があります。ご遺体はその先にある「聖ヨセフ小聖堂」に葬られました。
右／小聖堂の内部。列福されるまで、46年間ご遺体はここに眠り、その後、修道院の聖堂へと移されました。埋葬されていた場所には、現在、木の十字架が置かれ、ステンドグラスからは優しい光が差し込んでいます。

ベルナデッタが最後に身体を預けた椅子は、修道院の資料館に展示されています。1879年4月16日の午後3時過ぎ、暖炉の前に置かれたこの椅子の上で静かに息を引き取りました。

永遠の生命

　ベルナデッタのご遺体は、当初、修道院の美しい並木道の奥に建つ「聖ヨセフ小聖堂」に葬られました。彼女を福者、そして聖人の列に加えるべきではないかという声は年を追うごとに高まり、1909年、19年、25年の3回にわたって列福調査が行われました。そのために棺を開けると、まるで昨日息を引き取ったかのように、ご遺体は全く腐敗を見せていなかったのです。

　1925年、福者に、1933年"無原罪の御宿り"の祝日に、ベルナデッタは列聖されました。列聖された理由は、"聖母を見た人"ということではなく、"何もできない人"と軽んじられ、もっとも弱く貧しい現実をあるがままに受け止めて生きた姿こそが"真実を観る人"として、それに倣うべき聖人の位に上げられたのだと私は感じます。

　私は、ベルナデッタを思う時、聖書にある「これらのことを知恵ある者や賢い者には隠して、幼子のような者にお示しになりました」（ルカによる福音書10-21）という聖句を思い出します。

　今、ベルナデッタのご遺体は修道院の聖堂に移され、訪れる人々を迎えてくれています。今もそこにいて、全身でこの地上に神の愛を伝えようとしている。

　聖堂でご遺体の前に立った私は、ベルナデッタの息吹を感じたのです。

　そう、今もなお、永遠に私たちの心に生きつづけているのです……。

左／ご遺体が安置されている「サン・ジルダール修道院聖堂」。　右／ガラスの棺に安置されたご遺体。ロザリオを胸に抱き、眠っているかのような美しいその姿は、天国から私たちに語りかけてくれているよう。

荘厳な静けさが漂うサン・ジルダール修道院聖堂の内部。ご遺体は帰天後、約140年たった今も全く腐敗を見せていない。

Nevers
ヌヴェール

ベルナデッタが過ごしたヌヴェール愛徳修道会本部修道院

Lieu mémorable
ゆかりの地

サン・ジルダール修道院聖堂
聖ベルナデッタの棺

Chapelle de Saint-Gildard, Châsse de Sainte-Bernadette

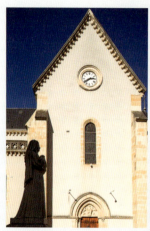

ベルナデッタが修道生活を送った場所

1866年7月7日、ベルナデッタは「サン・ジルダール修道院」と呼ばれる、ここ「ヌヴェール愛徳修道会本部修道院」へやって来ました。建物正面には修道院の精神である「神は愛です」という言葉が刻まれています。到着翌日、ベルナデッタが300人のシスターたちを前に、聖母ご出現の話を語り、初誓願式、着衣式を行った集会室は、今も同じように集会室として使われています。ベルナデッタは看護助手、病室の責任者、香部屋係を次々と務めましたが、もっとも長く過ごしたのは病室でした。その病室は現在聖堂として使われていて見学が可能です（P.89）。1879年4月16日、35歳でこの世を去ると、ご遺体は聖ヨセフ小聖堂に埋葬されました。その後調査のために発掘され、後にサン・ジルダール修道院の聖堂内に移されました。

上左／ベルナデッタのご遺体が眠るサン・ジルダール修道院聖堂。手前はロザリオを手に祈るベルナデッタのご像。　上右／祈りが立ち込める静寂な聖堂に眠るベルナデッタのご遺体は、腐敗しないままガラスの棺に入れられ、この聖堂に安置されています。　下／ベルナデッタが修道院に来た翌日、ご出現の話をした集会室。

修道院のグロット
Grotte de Massabielle

ルルドの洞窟（グロット）を模して、修道院の庭にも聖母に向かって祈るベルナデッタ像が置かれています。

小さなルルド

聖ベルナデッタの棺が安置されている聖堂から少し歩くと、ルルドの聖母ご出現の場であるマッサビエルの洞窟のレプリカがあります。1884年に建造され、訪れる人々の祈りを受け止めています。

水の聖母は、両手を広げて私たちをあたたかく迎えてくださいます。

水の聖母
Notre-Dame des Eaux

聖女が愛したご像

ベルナデッタがルルドで会ったマリアにもっとも似ていると言った聖母像が、修道院の庭の奥にあります。ベルナデッタがたびたび祈りを捧げていたこの「水の聖母」の前で、祈りのひと時をお過ごしください。

聖ヨセフ小聖堂
Chapelle de Saint-Joseph

ステンドグラスから
優しい光がこぼれる小さな聖堂

美しい並木道をくぐり抜けると、ベルナデッタの死後、46年間ご遺体が安置されていた聖ヨセフ小聖堂があります。グロットからぐるりと修道院の庭を回り、のどかな光景を楽しみながら水の聖母まで歩いてください。

「聖ヨセフ、祈ることを教えてください……」ベルナデッタもここで祈ることが好きだったといいます。

資料館
Musée

ベルナデッタ愛用の品などを多数展示
ベルナデッタの生涯を分かりやすく紹介しています。傘やカバン、大切にしていたロザリオなど、ベルナデッタの遺品も展示され、ヌヴェールでのシスターとしての生活を垣間見ることができます。

上／資料館の入口。　下左／ルルドから修道院に持ってきたのは、1本の傘と手提げカバンだけ。　下右／ルルドから来たときに着ていた、白のカーディガンと青いスカート。

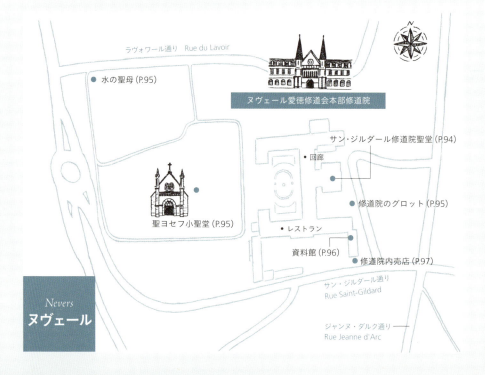

Nevers
ヌヴェール

修道院内売店 Boutique
ショップ

ベルナデッタの品々が揃う売店
ロザリオ、ポストカード、ロウソク、本やDVDなどが所狭しと並んでいます。ヌヴェールは陶器の街として有名で、ベルナデッタが描かれたお皿も販売されています。

左／外観。 右／16世紀終わり、イタリアの影響を受けた陶器がつくられはじめた「ヌヴェール焼」。ベルナデッタモチーフの陶器もたくさんあります。

売店の営業時間
月‐土曜／夏(6月‐8月) 8:00‐12:30、13:30‐19:00　冬(9月‐5月) 9:00‐12:00、14:00‐17:00
日曜・祝日／夏(6月‐8月) 9:00‐12:00、14:00‐19:00　冬(9月‐5月) 9:00‐12:00、14:00‐17:00

付属宿泊施設 Hôtellerie
Hébergement　宿泊

ベルナデッタが暮らした場所に泊まる
以前志願者や修練者の寝室として使われていた部屋が、宿泊施設になっています。広々とした庭に面している部屋があるのもうれしい。館内には無料でWi-Fiを使用できるテレビ室があります。エレベーターもあり、障がい者の方のための部屋もあります。

上／室内は簡素でクリーン。トイレとシャワー室は各階の共用ブースを利用します。　下／到着した日の昼食のテリーヌとサラダ。センス良くテーブルコーディネートされているのは、さすがフランス。すべてのお料理がとても美味しい。

宿泊料金
シングル　57.5€ (2食付き)、74€ (3食付き)
ダブル (1名につき)　44.5€ (2食付き)、61€ (3食付き)
電話　03 86 71 99 50
コンタクトフォーム
http://www.sainte-bernadette-soubirous-nevers.com/contact/

ヌヴェール愛徳修道会本部修道院
開門時間
月‐土曜／ 7:00‐20:00
日曜・祝日／ 7:00‐19:30
◆ミサ
水・金曜／ 8:00
月‐土曜／ 11:45
日曜・キリスト教の祝日／ 10:00

住所　34 Rue Saint Gildard, 58000 Nevers
電話　03 86 71 99 50
コンタクトフォーム
http://www.sainte-bernadette-soubirous-nevers.com/contact/
URL
http://www.sainte-bernadette-soubirous-nevers.com/

chapitre 3 à Lisieux

聖女 テレーズ・マルタン
Sainte Thérèse Martin

私は薔薇の雨を降らせながら、
私の天国を過ごしましょう……

"小さき花の聖テレーズ"……私の洗礼名でもあり、幼い頃から憧れつづけてきた"薔薇の聖女"とも呼ばれるテレーズ。彼女は4歳の時に母親を亡くし、ノルマンディー地方のリジューという町に、父と4人の姉たちとともに移り住みました。数年後、母を亡くした心の痛手から、突然激しい頭痛と震えに悩まされるようになります。家族は9日間つづけてミサを捧げ、テレーズの回復を祈りました。そして聖霊降臨の祭日、病床のテレーズは、自らに微笑みかける聖母マリアを見たのです。

テレーズが短かくも24年の生涯を全うした地、リジューを訪ねました。

† 病床のテレーズを癒した微笑みの聖母

「突然、聖母マリアのご像は、美しく、美しく、あのように美しいものはだれも決して見たこともないほど美しくなりました。その顔にはえもいわれない愛情と優しさとが漂っていましたが、特に私の魂の奥底までしみとおったのは、"マリアさまのうっとりとするほど美しいほほえみ"でした。私のすべての苦しみはみな消え失せ、両方のまぶたからは大粒の涙があふれて静かにほほを伝わりました。ああ、それは何の混じりけもない喜びの涙でした」

「聖テレーズバジリカ」の地下には、テレーズの生涯を描いたモザイク画があります。受洗、初聖体、聖母による奇跡的な癒し、初誓願、死……聖女の一生を辿りながら静かな巡礼の時を過ごせます。

聖テレーズ・マルタンの生涯
1873年1月2日 – 1897年9月30日

1873年	0歳	1月2日、フランス北西部、ノルマンディー地方のアランソンの裕福な家庭、父ルイ・マルタンと母ゼリー・ゲランの間に9番目の末っ子として生まれ、2日後に洗礼を授かる。
1877年	4歳	母ゼリーがガンで亡くなり、一家はリジューに引っ越す。
1882年	9歳	第2の母として慕っていた姉のポリーヌが、リジューのカルメル会に入会。たえまない頭痛をうったえる。
1883年	10歳	3月、父と姉たちの留守中に病気になるが、5月13日、聖霊降臨の祭日に聖母の微笑みにより癒される。
1884年	11歳	5月8日に初聖体を受け、6月14日に堅信の秘跡を受ける。
1886年	13歳	12月25日、クリスマスの回心。深夜のクリスマスミサの帰宅後、病的なほどの感受性が奇跡的に癒され、幼少期を脱する。
1887年	14歳	父にカルメル会入会を申し出て許可を得るも、年齢ゆえに入会することができずローマへ巡礼旅行をし、教皇レオ13世に謁見して入会の特別許可を請う。
1888年	15歳	4月9日、念願が叶いリジューのカルメル会修道院に入り、修道生活がはじまる。
1889年	16歳	1月10日、着衣式。この日から「尊い面影と幼いイエスのシスター・テレーズ」と、サインする。
1890年	17歳	9月8日、初誓願を立てる。誓願名は「幼いイエスのテレーズ」。
1894年	21歳	父マルタン死去。 院長より命じられ「自叙伝」を書きはじめる。

「微笑みの聖母」に見守られながら、
幼子のようにすべてを神に委ねて歩んだ、テレーズ。
短くもキリストへの愛に満ちた24年間の生涯。

1896年	23歳	4月、喀血。その後、病状は進行していく。
1897年	24歳	4月、姉のポリーヌは、テレーズの最後の言葉を書き留めはじめ、7月に「自叙伝原稿」の執筆を終える。この自叙伝は翌年に『ある霊魂の物語』として出版される。 9月30日、午後7時20分頃、帰天。
1899年		テレーズの取次による癒しが各地で起こり、巡礼がはじまる。
1923年		4月29日、教皇ピオ11世により列福。 カルメル会修道院に、毎日1000通近い手紙が届くようになる。
1925年		5月17日、教皇ピオ11世によりローマにて列聖。
1927年		12月14日、聖フランシスコ・ザビエルと同様に、宣教の保護者とされる。
1937年		7月11日、パチェリ枢機卿（のちのピオ12世）による、聖テレーズバジリカの献堂式が行われる。
1944年		5月3日、聖ジャンヌ・ダルクと同様に、フランスの守護者とされる。
1997年		10月19日、ローマにて、教会博士の称号を与えられる。
2015年		10月18日、テレーズの両親が、ローマ教皇フランシスコにより列聖。夫婦揃っての列聖はカトリック教会史上初である。

アランソンに咲きいでた小さき花

［1873年1月－1877年8月］

1873年1月2日、粉雪舞う真夜中。フランス北部ノルマンディー地方の町、アランソンに、薔薇の蕾のような可愛らしい女の子が生まれました。

父ルイ・マルタンは時計店を、母ゼリー・ゲランは多くの職人を雇い、アランソンレース製造業を営むブルジョワ家庭でした。

あつい信仰心を持っていた両親は、その子を聖母マリアにお捧げして特別に護っていただけるようにと、「マリー・フランソワーズ・テレーズ」と名づけ、2日後に洗礼を授けてもらいました。

テレーズは生後すぐに微笑みを見せるようになり、その愛くるしさは家族を魅了しました。けれど生後3ヶ月に満たない頃、腸炎にかかり、医者のすすめもあり、ノルマンディーの自然豊かなスマレ村の乳母に預けられることになりました。

1年経って家族のもとに戻ってきたテレーズは、両親の愛に包まれて育ちました。父はテレーズを"私の女王"と、母も甘えん坊の末っ子を"小さな天使"と呼びました。両親は、優しく強く、良い習慣が身につき、神の子として育つようにとテレーズを教育しました。朝は家族揃って聖母像の前でひざまずいて祈り、聖母月には薔薇や矢車草で、聖母像を飾りました。また、一家は貧しい人たちを大切にし、時には家に泊め着物を与えました。神はひとりの聖女を開花させるために、この比類なく恵まれた土壌を準備されていたのです。信仰が輝き出るような温かな家庭で甘美な愛に包まれて育ったテレーズは、恵みゆたかな幼い日を「清さの花をまもるため、主はいつも愛で私をかこんでくださいました」と詩いました。

テレーズはマルタン家の小さな花だったのです。

✝

しかし、幸せなマルタン家に暗雲が立ち込めます。

母ゼリーが癌にかかってしまったのです。家族の祈りも通じず、1877年8月28日、愛する母は天国へと召されました。父はテレーズを抱いて「さあ、ママに最期のお別れをしていらっしゃい」と言いました。テレーズは無言のまま、母の冷たい額に唇を当てました。

母ゼリーは46歳、テレーズはわずか4歳でした。

母ゼリーのひざの上で祈るテレーズ。その後ろには「微笑みの聖母像」が……。アランソンでの甘美な家族の光景が描かれているポストカードは、リジューの修道院の売店で求めたもの。

リジュー、愛に溢れたビュイソンネ

［1877年 − 1887年］

　母が亡くなり、一家は母の弟でありテレーズの叔父に当たる、薬剤師のイシドール・ゲランの家族が暮らすリジューに移り住むことになりました。

　リジューでの一家の住まいは、緑の木々の間にうもれたノルマンディー式の優美な家で、「ビュイソンネ（小さなしげみ）」と呼ばれていました。家の近くには教会があり、毎朝、家族でミサに通いました。ビュイソンネでの生活もアランソンと同様に、祈りにはじまり祈りで終わる日々でした。

　姉のポリーヌが"小さな母"としてテレーズの面倒を見るようになりましたが、明るかったテレーズの性格は、母を亡くしてからというもの極度に内向的になり、度々涙を流すようになりました。それでも、ビュイソンネで家族と過ごす時間だけは、テレーズにとって平安と喜びに満たされたものでした。

　父のルイは聖なる人でした。世俗的な精神を家庭に侵入させることはなく、教会の催す劇や音楽会へは足しげく通うものの、新たな交友もしませんでした。

　冬は暖炉で薪を燃やしながら、ブルターニュの子守歌をテレーズに歌って聞かせ、夏は海辺で家族と楽しく過ごし、時には釣りにも出かけました。薔薇の咲く頃には、薔薇の香りのする庭先で食事をし、皆で無邪気に遊びました。

　テレーズは母を亡くした心の痛手を負いながらも、聖なる家族の愛に包まれて少女時代を過ごしました。

 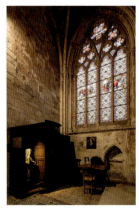

左／ビュイソンネから歩いて約10分の所にある、「聖ピエール大聖堂」。ゴシック様式とノルマン様式が融合した建築。マルタン一家は毎朝、この教会のミサに通いました。　右／7歳の時テレーズが初めて"赦しの秘跡"を受けた、聖ピエール大聖堂内にある告解室。

聖堂内にあるマルタン一家の専用席。後にテレーズ像や一家の写真が飾られました。この席で家族が熱心に祈り、テレーズの信仰が育まれていく様子を、私は感慨深く思い巡らせました。

微笑みの聖母

[1883年]

　ビュイソンネでの暮らしにも慣れてきた頃、テレーズに再び別離の試練が訪れました。
　第2の母のように慕っていた姉のポリーヌが、リジューのカルメル会修道院に入ることになったのです。母を二度も失うようなつらい出来事により、父の留守中にテレーズはひどい発作を起こしました。
　身ぶるい、幻覚、つじつまの合わない言葉、医師もお手上げでしたが、マルタン家の人々は希望を捨てませんでした。
　父の帰宅後、勝利の聖母教会に9日間のミサを依頼したのです。
　1883年5月13日、聖霊降臨の祭日、テレーズの病床にある聖母像のみもと、熱心に祈る姉妹たち……そこで、奇跡が起こります。
　突然、聖母マリアのご像に、美しく、美しく、えもいわれない愛と優しさが漂いました。そして、聖母のうっとりとするほどの美しい微笑みが、テレーズの魂の奥底に染みとおったのです。すると、テレーズのあらゆる苦しみは消え、快い涙が頬をつたいました。そう、テレーズの苦しみは聖母マリアの微笑みによって解き放たれ、病は癒されていたのでした。休んでいた学校にも初聖体を受ける年齢で再び通いはじめました。初聖体を受けるにあたっては、姉のポリーヌがくれた本を使って心の準備をし、姉のマリーにも教えを請いました。

左／曲がりくねった道を折れ、なだらかな坂を上ると、優美な屋敷「ビュイソンネ」があります。門をくぐると可憐な薔薇の花が迎えてくれました。　右／テレーズの病気を癒した「微笑みの聖母」像のレプリカ。当時のものは、テレーズのご遺体の上に置かれています。

「微笑みの聖母」の奇跡が起こった部屋。病床のテレーズに聖母マリアは美しく微笑み、テレーズの病気は癒されました。

クリスマスの回心

[1884年 − 1886年]

1884年11歳の春、テレーズはベネディクト会修道院で初聖体を受けました。

人々を愛するがゆえに、食べられ、養ってくださるキリストご自身のからだ、パンをいただいたのでした。神の愛と恵みによって自分が小さく、無力であることを自覚したテレーズ。どんなにその日が素晴らしかったことでしょう。

姉のポリーヌが修道院に入り、いっときも離れることができないほど、仲の良かったもうひとりの姉、セリーヌが卒業してからは、テレーズはひとりで学校へ通っていました。

心の寂しさ、止むことのない頭痛。成績は良かったものの、健康は少しずつむしばまれていきました。そんなテレーズを案じた父は、学校を退学させます。

その後も姉のレオニーがクララ会修道院に入り、母親代わりだったマリーもポリーヌ同様にカルメル会修道院に入ると、さらにテレーズは不安に追い込まれました。些細なことですぐに泣き、感情は鋭く、激しくなっていきました。

†

1886年12月25日、そんなテレーズを回心させる出来事が起こります。

クリスマス、教会での真夜中のミサにあずかって帰宅した時のことです。

当時13歳だったテレーズの耳に「クリスマスの贈物も今年で最後だ」と姉に話す父の声が聞こえてきました。テレーズは、瞳を潤ませながらも涙をぐっとこらえ、暖炉においてある靴の中のプレゼントを喜びのうちに取り出すことができたのです。4歳で母を失い、泣いてばかりの末っ子のテレーズに、幼少期を脱する恵みがいただけたのでした。馬小屋に生まれた幼子イエスは、のちに"私の回心"と呼ぶ奇跡を起こして、10年近く抱えていたテレーズの心の苦しみを一瞬にして晴らし、以降失うことのない"霊魂の力"をお与えになったのでした。

テレーズは2歳の時すでに、修道女になりたいという気持ちをもっていました。「子どもたちを皆、カルメル会修道女に」という夢を抱いたまま永遠の眠りについた母ゼリー。初めてカルメル会の聖堂に入った時「この格子の向こうには、昼も夜もお祈りをしている聖なる修道女たちがいらっしゃるのですよ」と、テレーズに語りかけた父ルイ。修道女になるということに、不思議なまでに心を捉えられていたのは、このような環境に育ったからでした。

上／1886年、クリスマスのミサ後、暖炉の中のプレゼントの入った靴を取りに行くことを、何より楽しみにしていたテレーズに"私の回心"と呼ぶ奇跡的な出来事が起こりました。　右／テレーズの部屋からは、リジューの美しい街並みとともに、「聖ピエール大聖堂」が臨めます。その聖堂で、毎日ミサにあずかっていたマルタン一家。ビュイソンネは、神に祝福された家でした。

テレーズの決心

[1887年 − 1888年]

　1887年5月。14歳のテレーズは涙ながらに、父にカルメル会入会を願い出ます。
　父も目に涙を浮かべて「そのような重大な決心をするには、あまりにも若すぎる」と言いながらも承諾をしました。
　しかし、カルメル会の主任司祭には、若すぎるからと入会を認められず、つづいて、年齢より上に見えるようにと、髪を結いあげて司教に面会しましたが、許可を得ることはできませんでした。
　そうなると、最後の希望はローマ教皇です。父はセリーヌとテレーズを連れて、ローマに巡礼をする計画を立てました。大胆にも巡礼中に教皇レオ13世に謁見をし、カルメル入会の特別許可を直接願おうとしたのです。
　教皇に口をきくことは厳重に禁じられていましたが、テレーズは「どうぞ、私に15歳でカルメル会に入ることをお許しください！」と、申し出ました。すると教皇は「神様のみ旨ならば入れるでしょう」とのみ答え、手をかざしてテレーズに祝福を与えました。
　テレーズは悲しみに胸が張り裂けそうになります。未来は未確定なままにこの旅は終わり、その後の日々はテレーズにとって果てしなく長く思われました。
　しかし、ついに1888年1月1日、テレーズ15歳の誕生日の前日に、司教の認可が院長の元に届き、復活祭後にカルメル会への入会が許可されたのでした。

© Office Central de Lisieux

左／修道院に入会可能な16歳まで待てず、年齢より上に見えるようにと初めてシニョンを結い上げ、14歳で司教に面会をしました。写真はカルメル会入会の数日前、その時と同じ髪形をした15歳のテレーズ。
右ページ／1887年5月29日、聖霊降臨の祭日、裏庭に腰をおろす父に、カルメル会入会を願い出た場面。このご像はビュイソンネの裏庭にあります。

カルメル会への入会
［1888年4月－1889年1月］

1888年4月9日、神のお告げの祭日、ついにテレーズが待ち焦がれたその時が来ました。念願が叶って、リジューのカルメル会に入会する日が来たのです。

その日は、美しい思い出の詰まったビュイソンネを後にして、家族揃ってミサにあずかりました。もっとも厳しい修道会のひとつであるカルメル会は、入会後、塀の中で一生を終えます。修道院の門をくぐる時、テレーズの心臓の鼓動が激しく高鳴りました。愛する家族の一人ひとりに接吻をし、父の前でひざまずき祝福を願うと、父もひざまずいて涙ながらに祝福を与えました。

そして暫くすると、聖なる修道院の扉は閉ざされました……。

修道院の中は、何もかもが気に入りました。心の中には、一点の曇りもありません。「いつまでも、いつまでも私はここにいる」と、心の中で繰り返していたことでしょう。カルメル会に入ったのは、人々の救いのため、罪人の回心のため、司祭方のために祈ることでした。けれどもその道は、いばらの道でもありました。それでもテレーズは愛を込めて、キリストに倣いながら歩みます。

そうして迎えた1889年1月10日の着衣式は、冬に生まれた小さき花、テレーズを祝福するかのように雪が降りました。白百合の冠と白衣を纏う着衣式の日に、自然界も純白の装いをつけることをいつも望んでいたテレーズ。

神に祝福された、なんと美しいお祝い日だったことでしょう。

カルメル会修道院手前の花壇に咲く白薔薇に囲まれたテレーズ像。聖堂ではミサや教会の祈りに、シスター方と一緒に参加することができます。

着衣式の日、修道院中庭の十字架の元で微笑む白いベールを被ったテレーズ。中庭は禁域のため、入ることはできませんが、この写真からは、その日のテレーズの喜びを垣間見ることができます。
© Office Central de Lisieux

イエスの花嫁 "幼いイエスのテレーズ"

[1890年9月－1895年6月]

1890年9月8日、聖母マリアの誕生日にテレーズは初誓願を立てます。

イエスのフィアンセだった修練期を終えて、イエスの花嫁となったのです。

この日 "幼いイエスのテレーズ" という誓願名をいただいたテレーズは、イエスが教えてくれた "小さな道" を歩みはじめます。

実は私も "幼いイエスのテレーズ" という洗礼名を生後2週間で授かりました。少女の頃からテレーズとともに歩み、かつてカルメル会在世会に入会した際は、テレーズの本名 "マリー・フランソワーズ・テレーズ" を奉献名にいただきました。テレーズが暮らした修道院を訪ねることが叶い、イエスの花嫁となった彼女の喜びに心を重ねることができました。

17歳のテレーズは背も高く、賢明で、常に平静で成熟していました。けれども、声にも表情にも少女のあどけなさがあったようです。深い信仰に溢れる言葉で、人を感涙させたかと思うと、いたずらをしてふざけたり、皆を笑い転がせていたのです。そんなある日、テレーズは修練長の補佐役に任命されました。

自分の能力を超える任務だと悟ったテレーズは、空の手を差し伸べ、すべてを神に委ねて修練者たちに接しました。

1894年7月、闘病生活を送っていた父ルイが天に召されました。父の看病をしていた姉のセリーヌもカルメル会に入会し、「微笑みの聖母像」も修道院に移されました。その年の冬には、当時修道院長だった姉のポリーヌより、幼児期の思い出を書くように命じられます。ペンをとる前に聖母マリアに祈り、愛する母の死、姉たちのカルメル会入会、不思議な病気と聖母による癒し、小心から来る苦しみ、父の病気と死、乗り越えなければならなかった数々の試練について記しました。

1895年6月、"三位一体の祝日" のミサの最中のことです。テレーズに、神の偉大な恵みが注がれました。幼い頃に病気を癒してくれた、微笑みの聖母像の前で祈りを唱え、神のいつくしみ、深い愛に自分を捧げることを思いつき、十字架の道行きをはじめると、突然、丸ごと火の中に入れられたかのような、神に対する激しい愛に心を奪われたのでした。

まるで、このあと自分の身に起こることを予感していたかのように……。

115

© Office Central de Lisieux

上／1895年、修道院の祝日の催しで、幼い頃から憧れを抱いていたジャンヌ・ダルクに扮し、殉教への激しい思いを演じるテレーズ。脚本、演出までをも手がけました。　右／香部屋係の姉妹たちとともに。左から姉のマリー、ポリーヌとセリーヌ、従姉妹の三位一体のマリーとテレーズ。

信仰の試練

[1896年－1897年]

　1896年になると、テレーズは喉と胸が痛み、声がかすれるようになりました。苦しみながらも微笑みをたたえ、疲れ切った身体を引きずって聖務にあずかっていましたが、無理がたたったのでしょう。4月の聖金曜日の晩、最初の喀血がおそいます。それから1年後の1897年4月、四旬節の終わり頃の主の受難の主日に容態が悪化します。テレーズは自分が間もなく死ぬであろうこと、そして死に至るまでイエスに従うために苦しむであろうことを確信しますが、天国に行ける恵みと喜びに満たされて毎日を過ごしました。しかし、テレーズの心は急に深い闇に迷い込んでしまいます。あらゆる希望を根底から揺さぶられ、あれほど甘美だった天国への思いが、もはや戦いと苦悩の種でしかなくなってしまったのです。まるで、出口の見えないトンネルの中に入り込んでしまったかのようでした。

　けれど、時が経つにつれ、この身がどのようになろうとも、愛で死にたいと熱望しつづけ、死んでなおいっそう働けるであろうと思えるようになりました。

　6月は遺言とも言えるものをノートに書きつづけていましたが、7月に入ると昼夜を問わず喀血がつづき、テレーズの力は徐々に尽きてゆきます。

　7月2日、初金曜日、祈禱所で聖体拝領をします。7月8日、さらに病状は悪化し、テレーズはついに病室に運ばれます。そして8月19日、病者の塗油と最後の聖体拝領を受けたのでした。

左／1896年7月、十字架のキリストの足下に百合の花をそえるテレーズ。　右ページ／"幼いイエス"と"尊い面影"の聖画を手にした、帰天3ヶ月前のテレーズ。テレーズは、この相対しているかのようなイエスのうちに、自分の名と使命を感じとっていました。　© Office Central de Lisieux

病床にて

［1897年8月－9月］

テレーズの受難がはじまりました。

焦げ茶色のカーテンを吊るした鉄製のベッドが、テレーズの病床となりました。

カーテンにはお気に入りの聖画をピンで留めつけ、テレーズとともに、病室に移された「微笑みの聖母像」を見つめながら過ごすこととなりました。

ある時はベッドの上で、ある時は父マルタンが使っていた車椅子で、またある時は折りたたみベッドに寝たまま、テレーズは病床においても自叙伝を書きつづけたのです。

テレーズが書きものをしている光景を見て、体の衰弱にともなってつのる不安や、時折おそってくる激痛があったことに気づいた人がいたでしょうか。

テレーズは、カーテンの隙間から絶えず微笑みの聖母に目を注いでいました。衰弱が極度に達し、何度となく喀血した日もあり、ノートに文字を書くことすらもできなくなっていきました。

けれどもテレーズにも、少しの間、良い状態が訪れます。

ある日、車付きのベッドに横たわるテレーズを回廊で見つけた姉のセリーヌは、その姿を写真に納めました。胸の上に置いた十字架に薔薇の花びらを撒くテレーズ。それが彼女の生前最後の写真となりました。

セリーヌは聖堂の戸口の所までベッドを動かし、テレーズはそこで最後の礼拝をしました。

9月、神はテレーズに最後の力をお与えになったのでしょうか。

テレーズは微笑みの聖母に捧げるため、矢車草の可憐なリースをふたつ編みあげました。そして、震える手でこう書き記したのです。

「おお、マリア、もしも私が天の女王で、あなたがテレーズでしたら、あなたに天の女王となっていただくために、私はテレーズになりたいと思うことでしょう」と……。

右ページ／1897年8月30日、帰天1ヶ月前。折りたたみベッドに寝たまま回廊に出してもらい、手にしていた薔薇の花びらを撒くテレーズ。
© Office Central de Lisieux

天国への旅立ち……

[1897年9月30日]

　1897年9月29日の朝から、テレーズは窒息しそうなほどにあえぎ苦しみだしました。シスターたちは臨終のための祈りを唱えはじめます。夜になっても苦しみはおさまらず、テレーズは「微笑みの聖母像」をじっと見つめ、一心に祈りつづけていました。

　そして日付が変わって、30日の午後3時頃、ベッドの上に座りつづけていたテレーズは、かつて感じたことのないような激しい痛みを全身に感じます。それでも、ふたりの姉に支えられて腕を十字に広げました。その姿は、十字架上のイエスと重なる神秘的なものでした。

　午後7時20分頃、テレーズは十字架を固く握りしめ、なおも微笑みの聖母像を見つめていました。そして、突然、呼吸が乱れたかと思うと、十字架を見つめながら「おお！　私は主を愛します。神様！　私は……あなたをお愛ししています！」と、はっきりとした声で言い、目を閉じました。再び見開いたテレーズの瞳は、聖母のご像の少し上に向けられていました。

　そして、何か目に見えないものをじっと見つめ、幸せに満たされた微笑みをたたえたまま、そっと目を閉じたのでした。その顔は心を奪われるほどに美しく、幸福な夢を見ながら眠っているかのようでした。テレーズは、まるで幼い子どもが最愛の父親に会いに行くかのように、永遠の生命へと旅立ったのです。

© Office Central de Lisieux

左／15歳でカルメル会に入り、その後、塀の外に一歩も出ることなく、24歳という若さで微笑みをたたえながら、天国に旅立ったテレーズ。1897年9月30日。　右ページ／リジューのカルメル会修道院の聖堂にあるテレーズの棺。その上には、ガラスケースに入れられた、テレーズ死後直後の場面を模した人形が、さらに上にはテレーズを癒した微笑みの聖母像が置かれています。

薔薇の雨

「私は薔薇の雨を降らせながら、私の天国を過ごしましょう……」と、約束の言葉を残してくれたテレーズ。

テレーズの自叙伝『ある霊魂の物語』は多くの人々の手に渡り、15年後には世界中で翻訳され100万部が読まれるようになりました。

キリスト教徒だけでなく、テレーズの取次を願い祈った人々に次々と癒しが起こり、カルメル会修道院には毎日1000通近くの感謝の手紙が届くようになりました。やがて、フランスにテレーズ旋風が起こると、それに後押しされるかたちで、1925年に異例の速さで列聖されました。1927年には、聖フランシスコ・ザビエルと同様に宣教の保護者とされ、1937年にテレーズを記念したバジリカがリジューに建てられます。

その後も1944年に聖ジャンヌ・ダルクと同様にフランスの守護者とされ、1997年には教会博士の称号も与えられます。

死後、栄光への道を歩んだテレーズですが、修道院で10年近くをともに過ごしたシスターは「あの方は確かに良い方ですが、取り立てて言うべきことは特に何もしなかった」と言われていたように"小さいテレーズ"として生きたのです。15歳までしか教育を受けていないテレーズは、知識の人ではなく知恵の人だったのです。

"テレーズの薔薇の雨"それは、キリストがパンをご自身の身体として裂いて人々に渡されたように、テレーズが薔薇の花びらとなった自身の愛を降らせているのです。

4歳で母を亡くして移り住み、15歳でカルメル会修道院に入り、24歳までテレーズがその生涯を全うした地、リジュー。

私はそこへ足を運び、テレーズが暮らした家ビュイソンネに身を置き、博物館では当時のテレーズの息吹を感じ、ご遺体の前で静かに祈ることができた時、たしかにテレーズが薔薇の雨を降らせてくれていることを感じることができました。

そう、テレーズの薔薇の雨は、今もなお永遠に私たちの上に降りつづいているのです……。

聖テレーズバジリカの地下にある、テレーズが天国から薔薇の雨を降らせている場面を表現した、テレーズ像とモザイク画。

花を撒く

イエス 私の愛するただ一人の方 カルワリオの

夕べごとに あなたに花びらを撒くのが

私のかぎりない喜び!

春のバラをむしりながら、

私はあなたの涙を拭いたい……

撒く花は あなたへの初穂

あなたへのささげもの

小さな溜息 大きな苦悩

苦しみ 喜び 小さな犠牲

それが私の花びら

主よ あなたの美しさに

私の魂は魅せられ

ささげ尽くす この花びら

軽い微風の翼にのって花を撒き

私は人びとの心を炎と燃やしたい

イエスよ 撒く花は私の武器

罪人を救う 戦いのとき

勝利はわがもの

いつもあなたを無防備にさせる

私の花びら！

花びらは あなたの御顔を撫で

"私の心は永久にあなたのもの" と語りかける

私のむしられたバラの言葉を

あなたはおわかりになり

私の愛にほほえんでくださる

撒く花は あなたへの賛美

涙の谷の ただひとつの喜び

まもなく私は 小さい天使たちと

行くでしょう 花を撒きに！

1896年6月28日作

『テレーズの約束　バラの雨』伊従信子（サンパウロ）より

Lisieux
リジュー

薔薇の聖女・テレーズが暮らした街

| Église 教会 | 聖テレーズバジリカ
Basilique Sainte-Thérèse de Lisieux |

フランス第2の巡礼地

テレーズの帰天から32年後の1929年に建設がはじまり、1954年に完成しました。小高い丘の上に建つ、岩とコンクリートを使用したこのバジリカは、20世紀最大の教会建築のひとつに数えられます。第2次世界大戦でリジューの街は壊滅的な被害を受けましたが、聖堂は難を逃れました。ヨーロッパで2番目の大きさを誇り、およそ4000人を収容することができるという内部の装飾の見事さは圧巻です。幻想的な赤いロウソクの灯に、薔薇の聖女と親しまれたテレーズの姿が重なります。地下聖堂にはテレーズの生涯が美しいモザイク画で描かれています。

上／荘厳のひとことに尽きる外観。夜はライトアップされ、森の中に聖堂が浮かび上がるように見えます。　下／上部聖堂の内部の様子。世界各地から聖テレーズに捧げられた18の小祭壇があります。

上左／地下聖堂の中央祭壇の壁には、テレーズが薔薇の雨を降らせている場面を描いたモザイク画が、その周囲にはテレーズの生涯が同じくモザイクで美しく描かれています。　上右／上部聖堂にあるテレーズの聖腕の前には、常にキャンドルの灯火が手向けられています。　左／聖堂の裏庭には、テレーズの両親、聖ルイ・マルタンと聖ゼリー・マルタンのお墓が。

Boutique
ショップ

売店
Boutique

テレーズ関連グッズが充実

バジリカ向かいの建物の地下。テレーズ関連のグッズが充実しています。ロザリオやメダイなどのクリスチャンアイテムの他、フランス各地の修道院で作られたお菓子やお茶、石鹸なども幅広く取り扱っています。

右／テレーズのご絵を加工したマグネット。テレーズと薔薇のモチーフのペンダントトップ、テレーズのメダイ。

聖テレーズバジリカ

開門時間
11月-3月／9:00-17:30
4月-10月／9:00-19:00
◆ミサの時間
月-金曜／15:30
日曜／10:30、17:00
第1・3・5日曜／9:00
住所　Avenue Jean XXIII, 14100 Lisieux
電話　02 31 48 55 08

聖ヨハネ・パウロ2世センター（インフォメーションセンター）
11月-3月／9:30-17:15
4・5・6・9・10月／9:00-18:15
7・8月／9:00-18:45
URL（リジューの聖域公式サイト）
https://www.therese-de-lisieux.catholique.fr
地図
P.133　Lisieux駅から徒歩10-15分

カルメル会修道院
Carmel de Lisieux

テレーズや姉たちが暮らした修道院

1838年に3人の修練女と2人の修道女がリジューに到着し、ここにカルメル会を設立しました。およそ40年間かけて現在の修道院の建物が出来上がり、テレーズや3人の姉たちもここで生活をしました。2008年に改修が行われ、博物館や売店なども整えられました。修道院内の聖堂の脇にはテレーズのご遺体のある礼拝堂があり、棺の上には亡くなった時のテレーズを模した、大理石と木でつくられた人形が置かれています。その上のマリア像は10歳のテレーズに微笑んだ「微笑みの聖母」のオリジナルです。巡礼者はテレーズの棺の前で静かに祈りを捧げています。

1883年5月13日、聖霊降臨祭の日、ビュイソンネの寝室でテレーズに微笑んだ聖母は、今もここを訪れる人々を優しく迎えてくださいます。

上／修道院の前の道路を隔てた花壇の薔薇に囲まれてテレーズのご像が置かれています。
下／テレーズの棺の上には聖母像が置かれています。この場所で静かにお祈りを捧げる人々の姿も多く見かけます。

付属博物館
Musée

テレーズ愛用の品が見られる

たくさんの遺品や姉が撮影した写真、『ある霊魂の物語』の原稿など、テレーズが修道院に入会してからの足取りがわかる展示内容となっています。奥のスペースでは常時動画が流れていて、テレーズの時代から現代に至るまでのカルメル修道会の生活の一部を垣間見ることができます。開館時間9:00-18:00（1月は閉館）、入場無料。

上／テレーズにつづいて入会した、姉のセリーヌが撮影したテレーズの写真がたくさん残されています。
下／テレーズの「薔薇の花びら」という詩をイメージして、つくられたドライフラワー。

Boutique
ショップ

修道院内売店
Boutique de monastère

シスターたちの手づくりの品が並ぶ

書籍、DVD、絵葉書、聖具（ロザリオ、テレーズのご像、メダイ）などが豊富に揃っています。ライトスタンド、ロウソク、押し花の栞など、シスター方の祈りの込もった手づくりの品々はここでしか手に入りません。

左／テレーズモチーフの小物がたくさん揃う店内。
右／薔薇のかたちをしたキャンドルは、カルメル会シスターのお手製。

カルメル会修道院
開門時間
◆チャペル
3月16日-10月／7:20-19:00
11月-3月15日／7:20-18:30
◆博物館と売店
2月-12月／9:00-18:00　1月はクローズ

入場料　無料
住所　37 Rue du Carmel, 14100 Lisieux
電話　02 31 48 55 08
URL
https://www.carmeldelisieux.fr
地図　P.133　Lisieux駅から徒歩6分

| Lieu mémorable
ゆかりの地 | ビュイソンネ
Buissonnets |

「小さなしげみ」という名を持つ家

テレーズの母ゼリー亡き後、1877年に一家が移り住んだのがこの「ビュイソンネ（小さなしげみ）」と呼ばれた家です。父マルタンが、リジュー25軒の家を見て探しあてたお気に入りの家。テレーズは4歳からカルメル会に入会するまでの15歳まで、この家で過ごしました。テレーズに微笑みかけた聖母像が置かれていた部屋や、ダイニングルーム、子ども部屋などを見学することができます。

上／薔薇の花が美しく香る、ビュイソンネの外観。テレーズの部屋の窓からは、一家が通っていたサン・ピエール大聖堂も見えます。
下／裏庭にあるテレーズと父ルイのご像から望んだビュイソンネの家。テレーズが父に、修道院に入りたいとお願いをしている場面です。

上／**ダイニングルーム**　家族団らんの場所、ダイニングルームからは、今にも幼い頃のテレーズの笑い声が聞こえてきそうです。　中左／**寝室**　テレーズが使っていたベッドの置かれている部屋。「微笑みの聖母像」はレプリカ。　中右／**子ども部屋**　テレーズと姉たちの子ども部屋。ガラス越しに、おままごと道具、人形、ゆりかご、鳥かご、聖人像、メダイやアクセサリー……たくさんのおもちゃを見ることができ、豊かな子ども時代を過ごしたことが想像されます。テレーズが初聖体で着たドレスも必見です。　下／**売店**　子ども部屋の隣は売店になっていて、テレーズ関連のポストカードやいろいろな言語の本が揃っています。

開館時間
復活祭後-10月の聖テレーズの祝日（第2日曜）まで／10:00-12:30、13:30-18:00
聖テレーズの祝日後の10月／10:00-12:30、13:30-17:00
11月-2月／10:00-12:00、14:00-16:00
3月-復活祭／10:00-12:30、13:30-17:00
日曜・祝は午後のみ開館　11月中旬-12月中旬は閉館
住所　22 Chemin des Buissonnets, 14100 Lisieux
電話　02 31 48 55 08
地図　P.133　Lisieux駅から徒歩20分

Ma recommandation
あわせて訪ねたい
しょうこのおすすめ

リジューは人口2万人ほどの小さな町。バジリカやカルメル会修道院に加え、ノルマンディー地方でもっとも古い大聖堂のひとつに数えられている、聖ピエール大聖堂を訪ねるのもおすすめ。

聖ピエール大聖堂
Cathédrale Saint-Pierre de Lisieux

少女テレーズが毎日通った教会

12世紀後半に建てはじめられ、18世紀に完成した、ゴシック様式とノルマン様式が融合した大聖堂。テレーズも小学校に上がるまで毎朝ミサに通い、修道女になりたいという思いをつのらせていました。テレーズを記念したご像が置かれており、教会に入ってすぐ左手には、テレーズが初めて"赦しの秘蹟"を受けた場所が残されています。

上／ビュイソンネから徒歩10分、一家が通っていた教会。　下／ミサに参加するための、マルタン家専用の礼拝スペース。

開館時間
9:30-18:30　入場無料
住所
Place François Mitterrand, 14100 Lisieux
電話　02 31 48 55 08
地図　P.133　Lisieux駅から徒歩15分ほど

"テレーズのケーキ"がスペシャリテ

薔薇の花をあしらった、テレーズをイメージしたケーキがいただけます。ショーウインドーにはかわいいフランス菓子がたくさん並び、綺麗にラッピングされたキャラメルやマカロン、チョコレートはお土産にも喜ばれます。聖ピエール大聖堂のすぐ近く。ガレットのランチセットもあります。

ブランディオ
Pâtisserie Blandiot

テレーズをイメージしたケーキのコンクールで優勝。ハートの形は惜しみない愛、白のデコレーションは純真さ、チョコの涙でテレーズの繊細さを表現しています。クッキー生地に、ムース、そしてババロアの3層構造。マンゴー、パイナップルが入っていてとても美味しい。

営業時間　8:30-19:30　定休日　月曜
住所　63 Rue Henri Cheron, 14100 Lisieux
電話　02 31 62 11 71
地図　P.133　Lisieux駅から徒歩15分ほど

133

上／裏庭から臨んだ素敵な外観。
下／テレーズの写真が飾られたシンプルな室内。シャワー、トイレつき。

Hébergement
宿泊

リジュー黙想の家
Ermitage Sainte Thérèse

カルメル会修道院運営の宿泊施設

カルメル会修道院を通り過ぎると、右手に見えるのが「黙想の家」の正門です。建物はレンガ造りの土台に、中世の雰囲気をもった木骨組。フロントはシスターが担当し、食事の前には宿泊者全員でお祈りをする家庭的で和やかな雰囲気に包まれた宿です。よく手入れされた中庭やチャペルもあり、黙想ができる環境が整っています。

宿泊料金
シングル　45€（2食付き）、57€（3食付き）
ダブル（1名につき）　41€（2食付き）、53€（3食付き）
住所　23 Rue du Carmel, 14100 Lisieux
電話　02 31 48 55 10
メール　ermitage-ste-therese@therese-de-lisieux.com
地図　P.133　Lisieux駅から徒歩10分ほど

Lisieux
リジュー

各地へのアクセス

日本からパリへは飛行機で約13時間。日本からの便はシャルル・ド・ゴール空港（CDG）に着きます。シャルル・ド・ゴール空港はパリ郊外にあり、空港から市内へは交通機関によりますが所要時間は約30分〜1時間ほどです。

パリから
ルルド、バルトレス
【飛行機で】
・オルリー空港（ORY）→ タルブ・ルルド・ピレネー空港（LDE ／ルルドから10km）
　所要時間1時間30分ほど
・オルリー空港 → ポー・ピレネー空港（PUF ／ルルドから45km）
　所要時間1時間20分ほど
・シャルル・ド・ゴール空港 → ポー・ピレネー空港
　所要時間1時間30分ほど
　【鉄道（フランスの新幹線TGV）で】
・モンパルナス駅 → ルルド駅
　所要時間5時間30分ほど

ヌヴェール
【鉄道で】
・ベルシー駅 → ヌヴェール駅
　所要時間2時間〜2時間30分ほど

リジュー
【鉄道で】
・サン・ラザール駅 →リジュー駅
　所要時間1時間40分ほど

参考文献
Références

†聖カタリナ・ラブレ

『聖カタリナ・ラブレ』
マリー=ジュヌヴィエーヴ・ルー、エリザベット・シャルピー著、
オーギュスタ・キュレリ絵、竹下節子訳
ドン・ボスコ社　2001年

『不思議なメダイ』
ショーン・マリア・ライル編　聖母の騎士社　1993年

†聖ベルナデッタ・スビルー

『ベルナデッタ』
ルネ・ローランタン著　ドン・ボスコ社　2004年

『ベルナデッタ 魂の日記』
ベルナデッタ著、安藤敬子訳　ドン・ボスコ社　2000年

『ベルナデッタとロザリオ』
アンドレ・ラヴィエ著、ヌヴェール愛徳修道会訳
ドン・ボスコ社　2008年

『ルルド』
菅井日人、菅井明子著　サンパウロ　2006年

『ルルド―巡礼者へのしおり』
ロメオ・マジョーニ著、杉原寛信訳　サンパウロ　2001年

『新装版　奇蹟の聖地ルルド』
田中澄江著、菅井日人写真　講談社　2000年

『ベルナデッタをたずねて
ルルド／ヌヴェール　パリ・シャルトル　巡礼の旅』
ヌヴェール愛徳修道会監修　聖母教育文化センター　2002年

『癒やされた人々　聖母と祈り』
パウロ・グリン著、カトリック登美ガ丘教会訳
カトリック登美ガ丘教会　2001年

†聖テレーズ・マルタン

『幼いイエスの聖テレーズ自叙伝―その三つの原稿』
テレーズ・マルタン著、東京女子跣足カルメル会訳、伊従信子改訳
ドン・ボスコ社　2006年

『テレーズの約束―バラの雨』
伊従信子著　サンパウロ　1993年

『写真集　テレーズ』
サンパウロ編　サンパウロ　1997年

『ある家庭の物語　テレーズを育てた母と父』
ヨセフ・ピアット著、伊従信子訳・編　ドン・ボスコ社　1995年

『私はいのちに入ります　リジュの聖テレジア・最後の会話』
リジュのカルメル修道院 編、伊庭昭子訳　聖母の騎士社　1999年

『リジュのテレーズ』
菊地多嘉子著　清水書院　1994年

『ばらの香り―テレーズの祈り』
カルメル修道会編　西宮カルメル会訳 ドン・ボスコ社　1999年

『死と闇をこえて テレーズ、最後の6ヶ月』
ギイ・ゴシェ著、福岡カルメル会訳 聖母の騎士社　1996年

『THERESE and LISIEUX』
Pierre Descouvemont文、Helmuth Nils Loose写真
WM. B. Eerdmans Pub. Co.　1996年

E MA OBT...

LOVRDES, 2 FÉVRIER 18

MERCI A N.D. DE

...CE

...BRE 1900.

POVR MA GVE

...ST.

M.M. DE ROVC

NOTRE DIVINE

おわりに
Postface

　聖母マリアに出会う旅……。

　思い描いていたこの構想が、現実に動き出したのは、今からちょうど2年前の8月のことでした。

　朝、祈っていた私に降ってきたインスピレーション。

　私はそれに忠実に、すぐに行動に移しました。

　亜紀書房の編集、田中祥子さんに会っていただけたのは10月のこと、3人の聖女を通して、聖母マリアに会いに行く旅の本の企画に、その場でOKをくださったのでした。

　それからというもの、猛スピードで色々なことを動かさねばなりませんでした。3人の聖女の幾冊もの本を読み、ページが想像できる絵コンテのような企画書を何度も書き直す。それと同時に、旅の企画もはじめます。

　前作でお世話になった巡礼専門の旅行社、パラダイスの村上恭子さんと幾度となく打ち合わせを重ねました。彼女は何から何まで、心を込めて手配してくださいました。

　そして、再度迎える10月、私は巡礼団の方々とフランスに出かけました。

　フォトグラファーは前作同様、渡部信光さん。日の出から日が沈むまで、少年のような瞳を輝かせながら、1万枚もの清廉で美しい写真を撮ってくださいました。渡部さんの妹の愛理さんも、取材や撮影の際に助けてくださいました。

　帰国してからは、怒涛の日々がはじまりました。今回は前作の『酒井しょうこと辿る聖フランチェスコの足跡』と異なり3人の聖女のため、ページ数も増えることとなり、膨大な内容量となったのです。

　聖母マリアに捧げる本をつくりたい。10月7日の"ロザリオの聖母の日"を、初版日にしたいと一心に願い、私にとってはまるで殉教のような日々を送ることになったのでした。

　フリー編集者の西端真矢さんは、そんな困っていた私を助けてくださいました。

監修をお願いした3人の聖女の修道会、ベルナデッタの「ヌヴェール愛徳修道会」のシスター方は、現地の撮影への全面協力など、最初の段階から色々とお世話になり良くしていただきました。

　テレーズの「カルメル修道会」のシスター方は、完成間近の頃、心身ともに限界に来そうだった私を、お祈りで支えてくださいました。

　カタリナの「聖ビンセンシオ・ア・パウロの愛徳姉妹会」のシスター方にも、監修の他に、キャプションのことまで助けていただきました。

　本のデザインは、以前から憧れていた山口信博さん、宮巻麗さんが、静謐で美しく仕上げてくださり、嶽まいこさんは、可愛いイラストの地図を描いてくださいました。

　そして、お店のお客さまやスタッフ、これまでの著書を読んでくださった読者の方々からの応援、お祈り、そのような皆さまの優しさに、どれだけ支えられたことか……。

　最後に、期日に間に合わせることができそうになかった私を助けるために、仕事に行く前の朝、帰宅してからの夜の時間、お休みのすべてを使って原稿の校正、検証作業を手伝ってくれた夫。

　これらの方々なくしては、この本は完成に至ることはありませんでした。

　皆さまに、心からの感謝をしつつ、この本を3人の聖女と、聖母マリアに、そして、聖母マリアに出会いたいと願うすべての方々にお捧げしたいと思います。

2018年 夏
フランキンセンス＋ハウスにて……

酒井しょうこ

酒井しょうこと辿る

聖母マリアに出会う旅

フランス　3人の聖女を訪ねて

2018 年 10 月 7 日　第 1 版第 1 刷発行
2023 年 5 月 29 日　第 1 版第 2 刷発行

著者／酒井しょうこ

写真／渡部信光
監修／聖ヴィンセンシオ・ア・パウロの愛徳姉妹会、ヌヴェール愛徳修道会、カルメル修道会
装丁／山口信博、宮巻麗 (山口デザイン事務所)
編集協力／西端真矢
協力／村上恭子 (株式会社パラダイス)

発行所　株式会社亜紀書房

〒 101-0051　東京都千代田区神田神保町 1-32
TEL ／ 03-5280-0261 (代表)　03-5280-0269 (編集)
http://www.akishobo.com/
振替／ 00100-9-144037

印刷／株式会社トライ

Printed in Japan
ISBN978-4-7505-1565-6　C0026
©Shoko Sakai, 2018

本書の内容の一部あるいはすべてを無断で複写・複製・転載することを禁じます。
乱丁・落丁本はお取り替えいたします。